Mein Kind ist so und nicht anders

ECON Sachbuch

Den wenigsten Eltern gelingt es, von Anfang an
natürlich mit der Homosexualität ihrer Kinder
umzugehen: Sie zweifeln an ihrer Erziehungsform,
versuchen, die Andersartigkeit des Kindes zu ignorieren, brechen im Extremfall jeglichen Kontakt zu
ihm ab. Die Diplom-Psychologin Anke M. Bartels
berichtet in diesem eindrucksvollen und ehrlichen
Buch von ihren persönlichen Erfahrungen und
Erlebnissen mit ihrer lesbischen Tochter und beantwortet zahlreiche Fragen zu einem Thema, das in
unserer Gesellschaft immer noch mit einem Tabu
belegt ist.

Anke M. Bartels, Jahrgang 1944, hat Psychologie,
Erziehungswissenschaften und Kunstgeschichte
studiert. Seit Anfang 1994 leitet sie eine psychologische Beratungspraxis. Sie lebt mit ihrer Familie in
Schleswig-Holstein.

Anke M. Bartels

Mein Kind ist so und nicht anders

Die Mutter einer lesbischen Tochter erzählt

ECON Taschenbuch Verlag

Veröffentlicht im ECON Taschenbuch Verlag
1997
© 1995 by ECON Verlag GmbH, Düsseldorf
Umschlaggestaltung: Theodor Bayer-Eynck, Coesfeld
Titelabbildung: Silvia Christoph
Druck und Bindearbeiten: Ebner Ulm
Printed in Germany
ISBN 3-612-26394-3

Für meine Kinder

Inhalt

Dank   9

Vorwort 13

Einleitung 17

Was bedeutet eigentlich *homosexuell*? 23

Homosexualität
in Geschichte und Gegenwart 29

Erinnerungen an meine eigene Prägung 45
– »Halte deinen Körper heilig!« 49
– Ist das Liebe? 51
– Bin ich jetzt verlobt? 54
– Die große Liebe 57
– Heirat und Karriereknick 63
– Die »wilden« Sechziger 66

Brief einer Mutter an ihre Tochter:
Cathrins Geschichte 75

Erfahrungen mit Homosexualität 111
– Das Coming-out 113
– Eltern und Kinder, hier und anderswo 118
– »Sei froh, daß es kein Sohn ist!« –
  Reaktionen anderer 140
– Die Szene 154

Gedanken heute 173
– Aids und die Folgen 175
– Die Schrillen und die Lauten 180
– Die verdeckten Homosexuellen 184
– Erziehung und Sexualaufklärung 193

Schlußbetrachtung 201

Anhang
– Literaturhinweise 205
– Beratungsstellen 207

Dank

Ich danke allen, die mir immer wieder Mut gemacht haben, dieses Buch zu schreiben, bis ich es endlich tat.

Vier Menschen haben mich besonders unterstützt, und deshalb gilt ihnen mein ausdrücklicher Dank: Wolfgang, der sich dafür einsetzte, daß ich eine Diplomarbeit über *mein* Thema schreiben durfte; Sven, der mich beim Schreiben der Arbeit unterstützte, wenn ich – besonders bei der Auseinandersetzung mit der Geschichte, der Kirche und der Gesellschaft – zweifelte und aufgeben wollte; Gretel, die von einem zukünftigen Buch überzeugt war, noch bevor es Gestalt angenommen hatte, und Cora, die mir wertvolle Hinweise gab.

Dem ECON Verlag danke ich, daß er mir die Möglichkeit gibt, mein Anliegen in Form eines Buches der Öffentlichkeit nahezubringen.

Besonderen Dank aber schulde ich meiner Familie. Mein Mann und meine beiden Töchter haben sich mit aller Kraft dafür eingesetzt, daß dieses Buch entstehen konnte. Sie haben den Streß mit mir geteilt, meinen zeitweiligen Frust, meine Launen und meine Zweifel ertragen; sie haben zugehört, wenn ich vorlas, und sie diskutierten mit mir über Passagen, mit denen ich nicht zufrieden war. Sie gaben mir unschätzbares Feedback.

Ich danke ganz besonders meiner ältesten Tochter dafür, daß ich über sie schreiben durfte und dadurch ihr Leben öffentlich mache.

In das Leben eingreifen bedeutet,
ihnen wie sich selbst Schaden zuzufügen . . .
Der vollendete Mensch . . . greift nicht in
das Leben der Wesen ein, er erlegt sich ihnen
nicht auf, sondern er »verhilft allen Dingen zu
ihrer Freiheit« (Laotse).

Martin Buber

Vorwort

Das erstemal traf ich Anke M. Bartels in einem Ausbildungsseminar unseres Instituts. Jeder Teilnehmer stellte sich den anderen vor. »Ich bin Anke – und wahrscheinlich die Älteste in dieser Runde«, erzählte sie uns und blickte fröhlich lachend in unsere Gesichter. Auf diese Weise zeigte sie uns gleich das Wesen ihrer unverwechselbaren Persönlichkeit. Ihre Offenheit für Neues, ihre Flexibilität im Umgang mit vollkommen verschiedenen Menschen, ihre Kreativität wurden während der ganzen Ausbildung von der Gruppe als Gewinn erlebt. Und obwohl sie tatsächlich die Älteste war, gab sie uns niemals das Gefühl, allein deshalb schon perfekter oder höher stehend als die jüngeren Menschen um sie herum zu sein. Sie teilte in aller Offenheit sowohl ihre Erfolge als auch jede Unsicherheit mit uns.

Warum erzähle ich davon im Vorwort? Weil dieses Buch auch ein Buch über Mütter ist. Und weil Sie wissen müssen, daß Anke wirklich so ist, wie sie im Buch auf uns Leser wirkt. Denn sicher werden auch Sie beim Lesen immer wieder denken: »Wie schön wäre es, wenn jede

Mutter, wenn alle Eltern ihren Kindern so verständnisvoll begegnen würden.« Vielleicht denken Sie dabei sogar an Ihre eigenen Eltern oder an Ihre eigene Familie. Hat nicht jeder von uns in seinem Leben etwas gemacht oder empfunden, was die Eltern als »nicht normal« oder als »anders« auffaßten? Wie haben Ihre Eltern reagiert? Wie reagieren Sie auf Menschen, die »anders« sind?

All diese Fragen hat sich auch Anke gestellt, als sie erste Anzeichen für ihre Homosexualität ihrer Tochter wahrnahm. Sie hat sich kritisch mit ihrer eigenen Erziehung und ihren persönlichen Erfahrungen auseinandergesetzt. Im nachhinein ist ihr noch einmal bewußt geworden, was sie als Kind und Jugendliche besonders vermißte, was sie ihren eigenen Kindern unbedingt bieten wollte: Offenheit und Toleranz.

Wie wichtig dies ist, merke ich immer wieder bei meiner Arbeit als Psychotherapeutin. Intolerante Eltern können die Lebensenergie ihrer Kinder sogar dann noch blokkieren, wenn diese längst erwachsen sind.

Entweder macht das mangelnde Verständnis die Kinder ängstlich und unsicher oder aber sie verschwenden vor lauter Wut all ihre Kraft und Energie bei dem Versuch, bewußt das Gegenteil von dem zu erreichen, was die Eltern von ihnen erwarten. Jede dieser Reaktionen belastet den persönlichen Seelenfrieden der Kinder und hemmt ihre Selbstentfaltung.

Zum Schluß ihres Buches schreibt Anke, sie wolle erreichen, daß »von Kindheit an zum *Miteinanderleben* und nicht zum *Gegeneinanderleben* geführt wird.« Dieses Anliegen hat sie meinem Empfinden nach mit ihrem Buch bereits zu einem großen Teil verwirklicht. Ich habe beim Lesen viel Wertvolles über das Leben homosexueller Menschen erfahren, aber auch viel über die Beziehung zwischen mir und meiner eigenen – heute elfjährigen – Tochter gelernt. Ob Eltern oder Kinder, ob Homo- oder Heterosexuelle – ich hoffe sehr, daß dieses Buch von vielen Menschen gelesen wird.

Cora Besser-Siegmund
Hamburg, im Januar 1995

Einleitung

Es ist der 21. November 1990 – Buß- und Bettag. Ich sitze im Flugzeug nach Washington, D.C., um meine jüngste Tochter zu besuchen, die dort für ein Jahr als Austauschschülerin lebt.

Mein Platz ist am Fenster, der neben mir ist frei, so habe ich es während des langen Fluges etwas bequemer. Es macht mir Spaß, die Menschen um mich herum zu beobachten und über sie nachzudenken – schließlich werde ich die nächsten acht Stunden gemeinsam mit ihnen verbringen. Eine etwa gleichaltrige blonde Dame fällt mir auf. Warum? Ich kann es nicht genau erklären, aber sie ist mir sympathisch. Sicherlich deshalb, weil sie sich so natürlich bewegt und offen um sich blickt. Sie nimmt ihren Platz in der Reihe vor mir ein, am Gang.

Das Flugzeug startet, die Reise beginnt. Wenig später verteilt die Stewardeß Zeitschriften. Ich hätte gern den *Stern* gelesen, hauptsächlich wegen des Artikels über Bisexualität, der auf der Titelseite groß angekündigt wird. Aber die blonde Dame bekommt das letzte Exemplar. So nehme ich den *Spiegel* und verabrede mit der sympathischen Mitreisenden, später die Zeitschriften auszutauschen.

Durch den Spalt zwischen den beiden Sitzen vor mir beobachte ich, wie die Frau den *Stern* flüchtig durchblättert und nur den Artikel über »Anaïs Nin und die Bisexualität« liest. Meine Gedanken jagen hin und her. Warum beobachte ich sie? Warum liest sie nur diesen Artikel? Welches Interesse steht dabei im Hintergrund?

Einige Zeit vergeht, und wir tauschen die Zeitschriften aus. Auch ich lese nun den Artikel, und zwar schon im Hinblick auf die Frage: »Was veranlaßt diese Frau, sich nur *den* Artikel anzusehen?« Mein Wunsch, sie danach zu fragen, wird immer drängender. Aber kann ich das tun? Wie wird sie reagieren? Ist es nicht anmaßend, eine so intime Frage zu stellen? Es gibt zwei mögliche Antworten: Entweder sie wird böse und beschimpft mich, oder sie beantwortet mir meine Frage so offen, wie ich sie einschätze, und läßt sich mit mir in ein Gespräch ein.

Es dauert noch eine ganze Weile, bis ich mich entschließe, die blonde Dame anzusprechen. Ich brauche dazu all meinen Mut. Höflich und vorsichtig frage ich sie, warum sie ausgerechnet diesen Artikel gelesen habe, und erkläre ihr, daß mich ihre Verhaltensweise und ihre Antwort interessieren, weil meine älteste Tochter homosexuell ist. Sie sieht mich für einen Moment verdutzt an und erklärt sich dann freudig bereit, mit mir ein Gespräch zu führen. Ihre Antwort auf meine Frage ist kurz und einleuchtend: Sie hat den Film über Anaïs Nin gesehen, der in dem Artikel beschrieben wird, und war neugierig, darüber zu lesen und mehr über das Thema zu erfahren. Schwungvoll setzt sie sich neben mich, und wir sprechen erst einmal über unser Reiseziel. Daraus ergibt sich ein Gespräch über Wohnort, Beruf und Familie. Ich erfahre den Namen meiner Gesprächspartnerin, einer Schweizer Journalistin, und daß sie vor kurzem mit ihrer Familie nach vierjährigem Chinaaufenthalt in die USA umgezogen ist. Sie findet es bemerkenswert, daß ich in meinem Alter noch ein Pädagogik- und Psychologiestudium begonnen und abgeschlossen habe und daß ich meine Diplomarbeit zum Thema Homosexualität auf der Grundlage der Beziehung zwischen mir und meiner lesbisch lebenden Tochter geschrieben habe. Das beklemmende Gefühl während der Anfangsphase unserer Unterhaltung schwindet, und bald führen wir ein lebhaftes Gespräch.

Frau von Teten hat viel über Homosexualität nachgedacht. In einem streng katholischen Internat erzogen, ist es für sie besonders interessant, mich – als betroffene Mutter – so offen über Homosexualität sprechen zu hören. Schließlich ist sie selbst Mutter eines zweiundzwanzigjährigen Sohnes und einer siebzehnjährigen Tochter. Im Laufe unseres Gespräches über Sexualität wird sie immer freier und erinnert sich schließlich sogar an eigene Erfahrungen mit der gleichgeschlechtlichen Liebe, die sie damals im Internat gemacht hatte. Heute aber kann sie sich für ihre Person eine Liebesbeziehung zu einer Frau nicht vorstellen. Frau von Teten hat viele Fragen an mich. Die wichtigsten aber sind wohl: »Wann und wie haben Sie bemerkt, daß Ihre Tochter homosexuell ist? Wie werden Sie damit fertig, und wie gehen Sie damit um?«

Um als Mutter frei und offen über die andersartige Lebensweise des eigenen Kindes sprechen zu können, bedarf es eines Entwicklungsprozesses. Es ist ein langer Weg des Wahrnehmens, des Erkennens, des Begreifens, des Tolerierens und des Akzeptierens. Es ist der Streit zwischen den unterschiedlichen Gefühlen und dem Verstand. Es ist die Auseinandersetzung mit bestehenden Wert- und Normvorstellungen, mit der Moral unserer Kultur und Gesellschaft. Es ist die Rückerinnerung an die eigene Erziehung und der Versuch, angelernte Verhaltensweisen in Frage zu stellen und zu verändern.

Teil dieses Entwicklungsprozesses waren für mich Gespräche mit meiner Tochter, ein Brief, in dem sie schrieb: »... Ich kann mich nicht mehr genau daran erinnern, wann ich angefangen habe, offen über mein Homosexuellsein zu sprechen. Aber ich glaube, daß ich erst seitdem ich in Hamburg lebe, so richtig frei darüber reden kann. Ich bin froh, daß ich mit Dir so frei darüber sprechen kann.«

Ich war betroffen, und diese Aussage motivierte mich zur Auseinandersetzung mit der Geschichte und der Soziologie von Homosexualität. Und zur intensiven Beschäftigung mit der Beziehung zwischen meiner Tochter und mir.

Schließlich wurde das – für die Prüfungskommission heikle – Thema meiner Diplomarbeit dank der Unterstützung eines Professors genehmigt, und so konnte ich mich auf wissenschaftlicher Ebene mit der Problematik befassen. Es war ein schmerzlicher Prozeß.

Inzwischen sind fünf Jahre vergangen. Viele Menschen haben diese Arbeit gelesen – Schwule, Lesben, mehrere Mütter und wenige Väter homosexueller Kinder sowie einige Freunde, die mehr über Homosexualität erfahren wollten. Immer wieder wurde ich gefragt: »Warum schreiben Sie kein Buch? Es würde so vielen Müttern und Vätern helfen, ihre homosexuellen Kinder besser anzunehmen und zu verstehen.«

Warum habe ich so lange gezögert? Die Zustimmung meiner Tochter und meiner Familie hatte ich. Die Voraussetzung für ein »Öffentlichmachen« unserer zwischenmenschlichen Beziehung, unserer Gefühle und unserer Auseinandersetzung mit dem Umfeld war somit gegeben.

Mich aber plagten immer noch Zweifel an der Richtigkeit meines Vorhabens. Ich hatte Ängste und war hin- und hergerissen. Gleichzeitig ärgerte ich mich bei allen Diskussionen über Rechte und Anerkennung der homosexuellen Lebensform jedesmal wieder über den uralten Vorwurf der »Unnatürlichkeit«. Ich fühlte mich als Mutter angegriffen.

Drei gesunde Kinder habe ich geboren, zwei Töchter

und einen Sohn. »Mit Gottes Segen und von der Natur reich bedacht« – so sagt es unsere christlich geprägte Gesellschaft.

Mein Sohn verunglückte als Dreijähriger tödlich. »Das ist Gottes Wille. Zum Leben gehört der Tod – das ist der Lauf der Natur« – so sagt es unsere christlich geprägte Gesellschaft.

Meine älteste Tochter ist homosexuell. Ich habe sie sehr aufmerksam auf ihrem Lebensweg beobachtet und begleitet und sah keine andere Entwicklung. Für mich ist sie von Natur aus homosexuell. Warum ist unsere Gesellschaft hier anderer Meinung und behandelt mein Kind als Exotin, Kranke oder Perverse?

Meine jüngste Tochter entspricht ganz den Vorstellungen von einem »normalen« weiblichen Wesen. Sie ist genauso ein natürliches Geschöpf wie meine beiden anderen Kinder.

Woran soll ich mich halten? Ich könnte den Glauben an Gott und die Natur verlieren. Doch das tue ich nicht. Ich will mich statt dessen engagiert mit den zum Teil verlogenen Norm- und Wertvorstellungen unserer »ach so christlich geprägten« Gesellschaft auseinandersetzen.

Indem ich dieses Buch schreibe.

Es sind Geschichten aus dem Leben zweier Menschen, die sich nah sind – Mutter und Kind.

Was bedeutet eigentlich *homosexuell*?

Mit der Frage »Was bedeutet eigentlich *homosexuell*?« wurde ich häufig konfrontiert, wenn ich im Gespräch über Kinder erwähnte, daß meine Tochter lesbisch lebt. Ich stieß auf Unwissenheit, Betroffenheit, Nachdenklichkeit – oder Verständnis. Fast immer waren die Reaktionen – so oder so – geprägt durch Vorurteile.

Für heterosexuelle Menschen sind homosexuelle Menschen *anders*. Zwar sind die Zeiten offener Diskriminierung bis auf wenige Ausnahmen vorbei, aber die Vorurteile der Gesellschaft existieren nach wie vor. Viele Heterosexuelle bilden sich ein, gut über Homosexuelle Bescheid zu wissen: Schwule Männer sind Muttersöhnchen und weibische Schönlinge, sie sind triebhaft und verführen kleine Jungen. Lesbische Frauen haben keinen Mann abgekriegt und hassen deshalb das andere Geschlecht, sie sind unweiblich und tragen nur Hosen und kurze Haare. Kurz: Homosexuelle sind unnatürlich, pervers, neurotisch krank, ja sogar kriminell.

Die Vorurteile beginnen bereits bei der Begriffsbestim-mung. Wenn ich von meiner *homosexuell* lebenden Toch-ter spreche, werde ich oft zurechtgewiesen: »Nur Män-ner sind homosexuell, bei Frauen wird das doch *lesbisch* genannt.« Das zeigt, daß viele nicht einmal die Voka-beln *homosexuell*, *lesbisch* und *schwul* auseinanderhalten können.

Ich habe die Beobachtung gemacht, daß die meisten Menschen erst wenn sie Alkohol getrunken haben, sich trauen, über Homosexualität zu sprechen. Dann erzäh-len Männer Schwulenwitze, und Frauen demonstrieren ihre Toleranz und Aufgeschlossenheit. Ich erinnere mich da an eine Party. Viele der Gäste wußten, daß meine Tochter homosexuell ist. Eine Studienrätin suchte zu fortgeschrittener Stunde das Gespräch mit mir. Sie wollte sich mit mir über Homosexualität unterhalten. Eigentlich war mir das Thema zu ernst, um mit einer alkoholisierten Frau darüber zu sprechen. Sie ließ sich aber nicht abschütteln, sondern stürzte sich voll in die Thematik: Also, ich würde immer von meiner *homose-xuellen* Tochter sprechen. Das sei doch völlig falsch. Ob ich denn nicht wüßte, daß meine Tochter *lesbisch* sei. Von einer Akademikerin hatte ich eigentlich mehr er-wartet und mußte erst einmal tief Luft holen, um mich zu beruhigen. Meine geduldigen Erklärungen zu den Ausdrücken *homosexuell*, *lesbisch* und *schwul* hatte sie nach einer halben Stunde Diskussion immer noch nicht begriffen.

Diese Unwissenheit ist mir auch bei einigen Lesben

aufgefallen, die von sich selbst behaupten, *lesbisch* zu sein und nicht *homosexuell*.

Oft wird das Wort H*omosexualität* falsch verstanden. Viele Menschen nehmen an, *homo* sei allein lateinischen Ursprungs und würde *Mann* bedeuten. Die Vorsilbe *homo* kommt aber aus dem Griechischen und bedeutet *gleich*. Homosexualität ist nicht *Männerliebe,* sondern *Liebe zum gleichen Geschlecht.* Auch wird fälschlicherweise oft gedacht, daß Homosexualität *Knabenliebe* bedeute, das Wort umschreibt aber die Zuneigung zu erwachsenen Menschen des eigenen Geschlechts.

Bei der Definition von Homosexualität wird immer nur der Geschlechtsverkehr thematisiert. So ist es nicht verwunderlich, wenn die meisten Menschen sie nur mit Sex in Verbindung bringen. Homosexualität ist – wie die Sexualität zwischen zwei Menschen überhaupt – viel mehr: Freundschaft, Liebe, Zuneigung, Gefühle und gemeinsames Erleben.

Homosexuelle Männer bezeichnet man volkstümlich meistens als *warme Brüder* oder *Schwule.* Diese Ausdrücke waren früher Schimpfwörter. Als homosexuelle Männer aber vor einigen Jahren anfingen, sich gegen Benachteiligung zu wehren, übernahmen viele aus Trotz das Schimpfwort *Schwule* und nennen sich selbst heute so. Weibliche Homosexualität ist auch unter dem Begriff *lesbische Liebe* bekannt. Der Ausdruck *Lesbe* leitet sich von *Lesbos* ab, einer griechischen Insel, auf der die homosexuell liebende Dichterin Sappho lebte. Eigentlich ist *Lesbe* ein

Kampfbegriff, den die Emanzipationsbewegung lesbischer Frauen geschaffen hat. Viele Frauen lehnen diese Bezeichnung ab. Anstelle von *Lesbe* höre ich im Umfeld meiner Tochter Cathrin überwiegend den Begriff *Freundin*.

Homosexualität in
Geschichte und Gegenwart

Schon im (Miß-)Verständnis der Begriffe *homosexuell* bzw. *lesbisch* und *schwul* zeigen sich die absurden Vorurteile über Homosexualität. Dies ist nicht verwunderlich, werden sie doch schon jahrhundertelang unterstützt durch Kirche, Medizin und Rechtsprechung. Auch die »wohlbegründeten« Meinungen von Politikern und Psychologen stecken dahinter. Und in den Medien wird dann die Hetze noch mit sensationslüsternen Berichten geschürt.

In Deutschland wird bei Homosexualität immer noch von »widernatürlicher Unzucht« gesprochen. Ich empfinde die Homosexualität meiner Tochter nicht als »widernatürlich«. Wer so denkt, bezeichnet mich – und alle anderen Mütter homosexueller Kinder auf der ganzen Welt – als Monster. Denn wir haben diese Kinder geboren.

Auch wissenschaftliche Theorien über Homosexualität haben sich als Vorurteile herausgestellt. Sie haben den Menschen immer nur teilweise erfaßt und damit verurteilt. Er wird nicht ganzheitlich gesehen. Noch heute versuchen Wissenschaftler – Mediziner, Psychoanalytiker, Verhaltensforscher und andere –, neue Hypothesen aufzustellen und verschiedene Therapieformen auszuprobieren. Die Theorien in Vergangenheit und Gegenwart widersprechen einander sehr.

Die intensive Beschäftigung mit Homosexualität in Politik, Psychoanalyse und Medizin hat mir deutlich gemacht, daß alle Aussagen Hypothesen sind und damit zu einer Betrachtung führen, die überwiegend verurteilend ist. Zu der Erkenntnis bin ich aber erst gekommen, nachdem ich zu diesem Thema zahlreiche Fachbücher und andere Literatur verschlungen, fast jeden Fernsehbeitrag gesehen und viele Zeitungsberichte gelesen hatte. Mir war vorher allerdings schon bewußt, daß durch Cathrins Homosexualität etwas auf unsere Familie zukommen würde, woran wir bis dahin nicht gedacht hatten. Wir mußten nicht nur eine für uns neue Lebensweise kennenlernen, akzeptieren und respektieren, sondern mußten uns vor allem mit den neugierigen Fragen und dem diskriminierenden Verhalten unseres Umfeldes auseinandersetzen.

Um selbstbewußt mit dem Thema umgehen und der heterosexuellen Gesellschaft entgegentreten zu können, hielt ich es für notwendig zu erforschen, *warum* sie Homosexualität als »unnatürlich« erlebt. Ich wollte wissen, wo der Ursprung liegt und ob es immer schon so war. Wenn es nicht immer so war, dann müßten auch die Normen und Werte von heute veränderbar sein. Ich fand heraus, daß Homosexuelle in frühen

Stadien der Gesellschaftsentwicklung nicht diskriminiert wurden. Erst mit der Entstehung des Privateigentums und der Herrschaft des Mannes über die Familie wurde eine Unterdrückung der – überwiegend männlichen – Homosexualität gesellschaftlich »sinnvoll«. Eine Gesellschaft, die sich auf Privateigentum gründet, das im Besitz von Familienvätern ist, macht es notwendig, daß junge Männer selbst neue Familien gründen, an die das Eigentum weitervererbt werden kann. Gesellschaften, die nur Stammeseigentum kennen und matristisch organisiert sind, unterdrücken auch heute die Homosexualität nicht. Dazu gehören zahlreiche Stämme in Australien, Lateinamerika und Afrika.

Privateigentum und das Patriarchat waren also Voraussetzung zur Unterdrückung der Homosexualität. Zur tatsächlichen Verfolgung von Homosexuellen kamen dann aber weitere Gründe hinzu, wie etwa religiöse, medizinische und politische.

Die Kirche predigt: »Liebe deinen Nächsten wie dich selbst.« Und: »Du sollst dir kein Bildnis noch irgendein Gleichnis machen . . .« und noch viele andere schöne Worte über Nächstenliebe, Toleranz und Samaritertum. Im selben Atemzug aber verdammt sie homosexuelle Mitmenschen. Zugrunde liegt der Brief des Paulus an die Römer. Für Paulus sind gleichgeschlechtliche Beziehungen ein Zeichen von Gottlosigkeit. Obwohl seine Aussagen über sexuelle Liebesbeziehungen zwischen Frauen und Männern heute noch eine wichtige Rolle in der kirchlichen Diskussion über Homosexualität spielen, nennt die theologische Reflexion auch andere Motive und Gründe, mit denen schwules und lesbisches Verhalten abgelehnt wird: Einige Theologen der frühen Kirchen berufen sich auf den Untergang von Sodom und Gomorrha, andere begründen ihre Ablehnung mit dem Hinweis auf die Schöpfung. Andere sehen in der Pervertierung der Geschlechtsrollen – der Mann, der homosexuell verkehrt, wird zur Frau und hört damit auf, ein Mann zu sein – einen Grund für ihr ablehnendes Verhalten. Wiederum andere berufen sich auf den nicht vollziehbaren Akt, Nachkommen zu zeugen. Noch heute haben diese Betrachtungsweisen großen Einfluß auf das offizielle kirchliche Denken über Homosexualität, die gleichgesetzt wird mit Ehebruch, Unzucht, Raub und Inzest. Somit gehören diejenigen Menschen nicht zum Volk Gottes, die sich homosexuell verhalten.

Einige Kirchen, darunter die evangelischen Landeskirchen, tolerieren mittlerweile homosexuelle Frauen und Männer. Auf den Segen der Kirche müssen heiratswillige gleichgeschlechtliche Paare allerdings verzichten. Auch sind homosexuelle Pastoren und Pastorinnen zwar kein »Amtshindernis«, homosexuelle Lebensgemeinschaften in Pfarrhäusern aber lassen sich mit der »Leitbildfunktion« des Pfarrers nicht vereinbaren und sind daher verboten.

Diese Aussagen lassen sich wohl kaum mit dem christlichen Glaubensbekenntnis vereinbaren. Wie ist es möglich, von einer toleranten Kirche zu sprechen, wenn ihre obersten Hirten die Gläubigen zu barbarischem Verhalten gegenüber einer von Natur aus sexuell anders gearteten Menschengruppe animiert? Diese von der Kirche geschürte Diskriminierung führt bei gläubigen Homosexuellen häufig zu Selbstmord. Gläubige Eltern und Geschwister werden durch das Verhalten der Kirche oft so sehr verunsichert, daß sie ihr homosexuelles Kind lieber verleugnen oder gar aus dem Familienverband ausstoßen, anstatt es als ein natürliches Mitglied ihrer Gemeinschaft zu akzeptieren, zu achten und zu lieben.

Auch in den Bereichen Medizin und Psychologie wurden im Laufe der Geschichte die abenteuerlichsten Versuche unternommen, um das Phänomen »Homosexualität« zu erklären.
Seit dem 19. Jahrhundert wurden alle nicht auf Nachwuchserzeugung gerichteten Formen der Sexualität als pathologisch angesehen. Viele Psychiater, Mediziner, Psychoanalytiker und Psychologen hielten und halten Homosexualität für eine Krankheit, da sie von der Annahme ausgehen, daß Heterosexualität die biologische Norm ist. Selten wird gleichgeschlechtliche Liebe als positive und gleichberechtigte Lebensform begriffen.
Es lassen sich noch andere Varianten der Pathologisierung ausmachen. In der Zeit des Nationalsozialismus wurde die Theorie von »Homosexualität als gesellschaftliche Entartung« geprägt, die noch heute tief in vielen heterosexuellen Köpfen verankert ist. Homosexuelle galten als subversiv und kulturzersetzend, da

sie Geschlechtsverkehr ausschließlich aus Lust und daher »zwecklos« praktizierten. Sie würden dabei nicht wie die sogenannten Normalen an die Fortpflanzung denken, die für Staat und Gesellschaft unerläßlich sei. Hitler zufolge hatten Homosexuelle schon das alte Griechenland zugrunde gerichtet und auch den Untergang Roms verschuldet. So wie gegen alle Menschen, die nicht arisch waren, sprach sich das »gesunde Volksempfinden« auch gegen Homosexuelle aus.

Als »Störung der Persönlichkeit« hingegen sieht ein großer Teil der Psychoanalytiker die Homosexualität, als eine Krankheit, die aus einer irrationalen Furcht vor dem anderen Geschlecht entstanden ist. Diese Furcht ist ihres Erachtens so groß, daß sie zu umgehen versucht wird. Um dem Bedürfnis nach sexueller Befriedigung gerecht zu werden, kommt es daher zur Entwicklung der Homosexualität. Den Psychoanalytikern zufolge ist die Ursache dieser Angst im Elternpaar zu finden.

Danach haben homosexuelle Männer Mütter, die ihre Söhne einerseits durch überfürsorgliche bis intime Beziehungen und andererseits durch einschränkendes, überkontrollierendes Verhalten stark an sich binden. Vom Vater fühlen sich diese Söhne ablehnend, distanziert und gleichgültig behandelt und nicht in ihrer Persönlichkeit akzeptiert. Die krankhafte Abhängigkeit von der Mutter führt somit in der ödipalen Phase zu einer Persönlichkeitsstörung.

Für die Entwicklung weiblicher Homosexualität wird

aus der Sicht dieser psychoanalytischen Theorie als möglicher Grund eine lieblose Mutter-Tochter-Beziehung genannt. Demnach wurden – ebenfalls in der ödipalen Phase – homosexuellen Töchtern Liebe und Verständnis von der Mutter vorenthalten. Die Töchter versuchen später durch intime Beziehung zu anderen Frauen, diese Liebe zu gewinnen und zu leben. Zum Vater hat die homosexuelle Tochter ein distanziertes Verhältnis, wodurch das Gefühl der Ablehnung ausgelöst wird. Die Angst, auch von anderen Männern abgelehnt zu werden, kann somit zur Entwicklung von Homosexualität führen.

Andere psychoanalytische Theorien sehen als mögliche Mitverursacher von Homosexualität unter anderem die Beziehung unter den Geschwistern an; aber auch Erfahrungen aufgrund sexuellen Mißbrauchs und Vergewaltigung durch gleichgeschlechtliche Täter gelten als Ursache.

Ob Homosexualität nun angeboren oder anerzogen, krankhaft oder gesund ist – darauf gibt es angesichts der vielen Hypothesen keine eindeutige Antwort. Der Urvater der Psychoanalyse, Sigmund Freud, war aufgrund seiner Forschungen zu dem Ergebnis gekommen, daß der Mensch »polymorph-pervers«, also zu allen nur denkbaren Varianten sexuellen Verhaltens fähig sei. Andere Wissenschaftler fanden bei kulturvergleichenden Untersuchungen heraus, daß Homosexualität in allen menschlichen Kulturen vorkommt. Der Sexualforscher Alfred Kinsey entdeckte bei Untersuchungen, daß Männer und Frauen grundsätzlich gleichermaßen für heterosexuelle wie für homosexuelle Reize empfänglich sind. Er stellte sogar die Behauptung auf, daß ein noch viel größerer Teil der Bevölkerung sich homosexuell verhalten würde, wenn die Tabuisierung homosexuellen Verhaltens durch die von sozialen und kirchlichen Instanzen geformte Meinung wegfiele.

Die Ergebnisse der Sexualforschung lassen also davon ausgehen, daß jeder Mensch mit einem *undifferenzierten* Sexualpotential geboren wird, was bedeutet, daß sich *alle* Männer und Frauen von Natur aus sowohl homo- als auch heterosexuell verhalten. Der ab frühester Kindheit bestehende Einfluß durch die soziokulturelle Umwelt formt dann die endgültige sexuelle Ausrichtung des Menschen mit.

1973 erst beschloß der Vorstand des für die psychiatrische Nomenklatur verantwortlichen Komitees der *American Psychiatric Association*, Homosexualität als Krankheit aus dem diagnostischen Repertoire zu streichen. Trotzdem bleibt diese Entscheidung umstritten, und zwar nicht nur bei Psychiatern, sondern auch in der Psychotherapie. Hier blüht das Geschäft mit der Homosexualität. Verhaltenstherapie und Aversionstherapie, um nur zwei Therapieformen zu nennen, haben das Ziel, Homosexuelle in Heterosexuelle »umzuwandeln«, und schrecken nicht vor zum Teil sadistischen Hilfsmitteln wie Elektroschocks zurück. Die Ergebnisse zeigen, daß ein solches Unterfangen geringe Aussichten auf Erfolg bietet.

Wir werden als Menschen von der Wissenschaft auf Bilder reduziert. Vage Vermutungen und einfache Erklärungen werden zu allgemeinen Wahrheiten erhoben. Millionen von Homosexuellen und ihre Familien haben darunter bewußt oder unbewußt in der Vergangenheit gelitten, und sie tun es ebenso in der Gegenwart. Ich habe unter dem Eindruck dieser Beobachtungen als Mitbetroffene diese Dinge als sehr schmerzhaft erlebt. Ich empfinde Wut und Trauer über soviel Unsensibilität und Verachtung des Menschen.

Der Artikel 1 des Grundgesetzes lautet: »Die Würde des Menschen ist unantastbar. Sie zu achten und zu schützen ist Verpflichtung aller staatlichen Gewalt.« Wo aber bleibt das Recht auf würdevolle Behandlung bei homosexuellen Mitmenschen unseres Staates? Wo bleibt der Schutz durch den Staat?

Die Verfolgung homosexueller Handlungen – vor allem bei Männern – hatte im Alten und im Neuen Testament, im Judentum und im jungen Christentum sowie bei den germanischen Völkern politische Zielsetzungen. Zum einen ging es um die Abgrenzung gegenüber anderen Kulturen, zum anderen um die Aufrechterhaltung der Hierarchie zwischen Mann und Frau. Und dieser letzte Ansatz setzt sich fort bis in unsere Zeit und hat wenig mit Homosexualität zu tun. Wenn Kaiser, Könige und Politiker Sündenböcke brauchten, bot es sich an, diejenigen Menschen als solche zu stigmatisieren, die schon in der Bibel in Zusammenhang mit Sünde und

Verfall gebracht wurden. Die daraus entstandenen Gesetze sollten zwar als Prävention gegen die »Gefahr für die Menschheit« dienen, wurden dann aber überwiegend für die Verfolgung von persönlichen und politischen Feinden eingesetzt. Seit Anfang des 14. Jahrhunderts ist eine immer größere Anlehnung des gemeinen Rechts an kirchliche Moralvorstellungen zu verzeichnen. Mit Beginn des Bevölkerungsschwunds in Europa durch Kriege, Seuchen und Hungersnöte wurde widernatürliches Sexualverhalten bestraft, wenn es nicht ausschließlich dem Zweck der Zeugung diente. Bei der Reichsgründung unter Wilhelm I. fand eine Vereinheitlichung der verschiedenen Strafrechte der einzelnen Länder statt. Im Jahr 1871 wurde dann der Paragraph 175 in das neue Strafgesetzbuch des Deutschen Reiches aufgenommen, der die »widernatürliche Unzucht« mit Strafe bedrohte. Der Gesetzestext sieht nur die Bestrafung von Männern vor. 1898 wurde eine von zahlreichen Ärzten, Juristen, Schriftstellern, Staatsbeamten und Militärs unterschriebene Petition zur Abschaffung des Paragraphen 175 dem Deutschen Reichstag übergeben und von August Bebel begründet. Die Petition wurde abgelehnt.

1909 wurde in einem Entwurf zum Strafrecht der Versuch unternommen, »widernatürliche Unzucht« zwischen Frauen zu kriminalisieren. Die Aufnahme des Entwurfes scheiterte.

Während des Dritten Reichs wurden die Gesetze gegen Homosexualität verschärft. Spektakuläre Prozesse und

Enthüllungen über Homosexualität festigten das sogenannte gesunde Volksempfinden. Der Paragraph 175
führte unter den Nationalsozialisten zum größten Mas-
senmord an Homosexuellen in der Geschichte.

Erst 1969 beschloß der Deutsche Bundestag mit großer Mehrheit die Streichung des Paragraph 175 in seiner bestehenden Form. Nach der reformierten Fassung
war die Homosexualität unter Erwachsenen jetzt zwar
straffrei, wurde jedoch mit Gefängnis bestraft, wenn es
sich um »Unzucht mit Jugendlichen unter 21 Jahren«
handelte. 1973 wurde die Straflosigkeit ab dem 18. Lebensjahr eingeführt und der Ausdruck *Unzucht* durch
den Begriff *sexuelle Handlung* ersetzt.

Solange auch heute noch »homosexuelle Handlungen mit Jugendlichen unter 18 Jahren« gemäß Paragraph 175 strafrechtlich verfolgt werden, dem Staat
aber bei heterosexuellen Beziehungen ab 14 Jahren
gemäß Paragraph 176 kein Zugriffsrecht mehr ein-
geräumt wird, also *keine* Gleichberechtigung zwischen
homo- und heterosexuellen Menschen besteht, bleibt
das Vorurteil im öffentlichen Bewußtsein verankert und
verursacht außerordentliche Schwierigkeiten bei der
gesellschaftlichen Integration von Homosexuellen. Der
Paragraph 175 kriminalisiert ausschließlich die homosexuellen Handlungen unter Männern. Die Diskriminierung von Frauen setzt sich hier – genau wie in der
patriarchalischen Gesellschaftsordnung – fort. Weibliche Homosexualität wird nicht ernst genommen und
bevölkerungspolitisch als nicht so gefährlich angese-

hen wie männliche Homosexualität, die als Bedrohung für die kulturelle Ordnung empfunden wird.

Seit einigen Jahren sind Bestrebungen im Gang, den Paragraphen 175 ersatzlos zu streichen. Nur die ersatzlose Streichung würde zu einer allmählichen Veränderung der öffentlichen Meinung und damit des Bewußtseins führen. Im anderen Fall wird weiter vernormt. Solange Homosexualität bestraft wird, besteht die Gefahr, daß sie von der öffentlichen Meinung in den Bereich der Minderwertigkeit, Krankheit und Kriminalität abgedrängt wird. Das ist in unserem Kulturraum über Jahrtausende geschehen. So trifft auch nach der Abmilderung des Paragraphen 175 Homosexuelle soziale Ächtung. Sie haben wenig Möglichkeiten, sich dagegen zu wehren, und viele leben daher immer noch in Angst vor Entdeckung und Erpressung, leben mit Lügen und Einsamkeit. Die Einschränkung ihrer Lebensmöglichkeiten führt zu Isolation und nicht zum Verständnis füreinander. Es kann nicht darauf ankommen, eine Gegenkultur zu entwickeln, sondern es *muß* möglich sein, einander frei zu begegnen und sich zu respektieren. Isolierung bedeutet auch, kämpferischen Widerstand zu wecken, der in neuer Gewaltanwendung enden kann.
Sämtliche Theorien aus den verschiedenen wissenschaftlichen Bereichen, die sich mit Homosexualität und ihren vermeintlichen Ursachen beschäftigen, haben sich als falsch oder unzureichend erwiesen. Die gleichge-

schlechtliche Liebe wird als »unnatürlich« angesehen, weil sie nicht unseren stark kirchlich geprägten Moralvorstellungen nachkommt, Geschlechtsverkehr ausschließlich als Mittel zur Zeugung zu praktizieren. Dieses Dogma gilt zwar auch schon lange nicht mehr für Ehepaare, aber immer noch als Argument zur Verteufelung der Homosexualität. Das sogenannte normale heterosexuelle Geschlechtsleben wäre somit fast ebenso »unnatürlich« oder »widernatürlich« wie das homosexuelle Geschlechtsleben.

Erinnerungen
an meine eigene Prägung

Als ich die folgenden Erinnerungen an meine Pubertät schrieb, hatte ich meinen Eltern gegenüber ein unruhiges Gewissen. Durfte ich das alles so schreiben? Verletzte ich sie damit nicht?

Vor einigen Jahren, als meine Diplomarbeit fertiggestellt war, habe ich versucht, mit meinen Eltern über meine Erziehung zu sprechen. Ich nannte ihnen Beispiele und versuchte vorsichtig, ihre damalige Motivation und ihre heutigen Ansichten zu erforschen. Meine Version des kindlichen Erlebten wurde rigoros als Hirngespinst oder sogar als Lüge abgetan. Keine Spur von Diskussion, Entschuldigung oder Einsicht. So sind die folgenden Geschichten aus meiner ganz persönlichen Sichtweise des Geschehenen geschrieben. Ich allein habe sie als Kind und Heranwachsende so erlebt und empfunden. Nur die ständige gedankliche Auseinandersetzung mit meiner Erziehung half mir, die erlittenen Verletzungen zu verarbeiten.

Ich liebe meine Eltern. Heute weiß ich, daß sie damals in vielen Dingen nicht anders handeln konnten, weil sie es nicht besser wußten. Sie verbanden mit ihrem Erziehungsstil sicherlich die gute Absicht, mich zu einem anständigen Menschen zu erziehen. Als Kind war ich oft verzweifelt, war häufig böse auf sie und auch enttäuscht. Es hat lange gedauert, bis die Wunden meiner Kindheit verheilt waren. Aber ich habe durch meine Eltern auch viel Gutes und Schönes erfahren.

Um das gute Verhältnis zu meiner homosexuellen Tochter verständlich zu machen, muß ich die Erfahrungen aus meiner eigenen Sexualerziehung schildern. Ich möchte meine Mutter und meinen Vater bitten, sich heute nicht mehr angegriffen zu fühlen, wenn sie die folgenden Episoden lesen werden. Das ist für mich Vergangenheit, die aber zweifellos zu diesem Buch dazugehört.

»Halte deinen Körper heilig!«

Schlimme Erinnerungen steigen in mir auf, wenn ich an die Zeit meiner Pubertät denke. Ich war sehr verunsichert, denn ich bekam auf meine Fragen zur Sexualität keine befriedigenden Antworten. Meistens verzogen meine Eltern das Gesicht zu einem verlegenen Lächeln oder reagierten gereizt: »Davon verstehst du nichts! Dazu bist du noch zu jung!« So und mit ähnlichen Antworten wurde den unbequemen Fragen ein Ende gesetzt.

Meine Aufklärung verlief katastrophal. Als ich meine erste Menstruation bekam, war ich zwölf Jahre alt und lag mit schwerer Mittelohrentzündung im Krankenhaus. Ich schämte mich, fühlte mich unsauber, und obwohl ich von meinen Eltern nicht aufgeklärt worden war, wußte ich, was diese Blutung bedeutete. Ich mochte den Krankenschwestern nichts sagen – so sehr genierte ich mich. Den Mädchen, die mit mir in dem Krankenzimmer lagen, blieb mein »Unglück« nicht verborgen. Sie sagten aber nichts, sondern grinsten nur. Endlich kam meine Mutter. Leise stotternd erzählte ich ihr von meiner Blutung. Sie wollte es mir erst nicht glauben und sprach von einem Hirngespinst und einer Verletzung. Erst als sie mit mir auf die Toilette ging und die Bescherung sah, war sie überzeugt. Verlegen lachte sie und meinte: »Das bekommst du jetzt alle vier Wochen. Halte deinen Körper heilig, und laß ja keinen Jungen an dich ran, die wollen doch nur das eine.« Sie gab mir noch den Hinweis, das Datum aufzuschreiben, um zu wissen, wann die nächste Menstruation kommt. Außerdem erzählte sie mir etwas von auskochbaren Binden, die sie mir zu Hause für die Zukunft geben würde. Das war's!

Von nun an paßte sie höllisch auf, daß Jungen mir nicht zu nahe kamen.

Ist das Liebe?

Mit etwa dreizehn Jahren begann ich, Tagebuch zu schreiben. Meine Patentante hatte mir ein Büchlein aus rotem Leder mit einem goldfarbenen Schloß zum Geburtstag geschenkt. Ich vertraute diesem Tagebuch vor allem meine Gefühle, Träume und Sehnsüchte an. Aus der Distanz schwärmte ich für drei bis vier Jahre ältere gutaussehende Jungen, zum Beispiel für Gino. Er war sechzehn Jahre alt und lernte Dekorateur in einem Textilhaus in meinem Schulort. Ich sah ihn häufig im Schaufenster arbeiten, wenn ich vom Gymnasium zum Bahnhof ging, um mit dem Zug nach Hause zu fahren.

Auf dem Jahrmarkt sah ich ihn wieder und fuhr neben ihm im Kettenkarussell. Er mußte meine schwärmerischen Blicke wohl bemerkt haben. Und so ganz gleichgültig schien ich ihm auch nicht zu sein. Wenige Tage später sprach er mich an. Er hatte Mittagspause, und wir gingen zusammen in die Milchbar.

Da er den ganzen Tag arbeitete und ich weit entfernt vom Schulort wohnte, sahen wir uns selten, und dann auch nur sehr kurz. Es reichte gerade für ein paar schüchterne, belanglose Sätze während eines kleinen Spazierganges oder eines Besuches in der Milchbar.

Wenn ich an Gino dachte, verspürte ich ein merkwürdiges kribbeliges Flattern im Bauch. Ich beschrieb diese Gefühle in meinem Tagebuch, verbunden mit der Frage: »Ist das Liebe?«

Eines Abends fand meine Mutter dieses gut versteckte, verschlossene Buch. Sie öffnete es gewaltsam und las darin. Dann muß sie es meinem Vater gezeigt haben, und beide waren wohl empört über das Gelesene. Jedenfalls kamen meine Eltern die Treppe hochgepoltert, mein Vater riß mich aus dem Bett und schlug auf mich ein. Währenddessen wedelte meine Mutter mit meinem roten Tagebuch und rief höhnisch lachend: »Ha, ha – ist das Liebe? Du Flittchen!« Ich war noch halb im Schlaf, wußte gar nicht so recht, was los war, sah nur zwischen den Schlägen das aufgebrochene Schloß meines roten Tagebuches.

Ein Gefühlswirbel ergriff mich: Scham und Panik überkamen mich, gleichzeitig fühlte ich mich fast ohnmächtig vor Wut und Hilflosigkeit. Die Prügel von Vaters Hand schmerzten kaum. Viel mehr schmerzte es, der Willkür meiner Eltern ausgeliefert zu sein.

Nachdem Vater und Mutter mich beschimpft und geschlagen hatten, wurde ich mit sämtlichen weiteren noch vorhandenen Strafen ihres großzügigen Strafenregisters belegt. Dann war der Spuk zu Ende. Ich blieb wie betäubt zurück. Selten habe ich mich in meinem späteren Leben so elend gefühlt wie in diesem Augenblick! Mit niemandem konnte ich darüber sprechen. Meine geliebte Großmutter war lange tot, und zu anderen Menschen hatte ich kein Vertrauen.

Der nächste Morgen, es war ein Sonntag, begann grauenvoll. Das rote Tagebuch lag für alle sichtbar in der Küche auf der Fensterbank. Meine Eltern würdigten mich keines Blickes, meine jüngeren Geschwister guckten ängstlich von einem zum anderen und wagten kaum zu sprechen – so eisig war die Atmosphäre.

So bald ich konnte, lief ich nach oben in mein Zimmer. In meiner großen Not und Verzweiflung riß ich das Fenster auf und hockte mich in den Fensterrahmen, in der Absicht, mich hinauszustürzen. Ich wollte einfach nicht mehr leben! Ich stand schon sprungbereit auf dem Fenstersims, als ich meine kleine Schwester die Treppe heraufkommen hörte. Plötzlich fehlte mir der Mut zum Springen. Schnell stieg ich wieder hinunter ins Zimmer – mein Herz klopfte ganz wild, und ich warf mich weinend auf mein Bett.

Bin ich jetzt verlobt?

Bodo war vier Jahre älter als ich und der Schwarm aller Dorfmädchen von zwölf bis achtzehn Jahren. Dabei war er nicht hübsch, eher häßlich: stark gekrauste, kurze rote Haare, Sommersprossen und blaue Fischaugen. Aber er hatte eine gute Figur, war groß und sportlich. Und er war sehr charmant. Schon lange schwärmte ich für ihn, eigentlich seit meiner Grundschulzeit. Er war der Sohn meiner Lieblingslehrerin. Wir gingen auf dasselbe Gymnasium und fuhren täglich mit demselben Zug. Im Winter stapften wir gemeinsam durch den Schnee, fünf Kilometer weit vom Bahnhof bis zu unserem Dorf. Aber Bodo beachtete mich gar nicht. Ich war viel zu jung für ihn.

Als ich etwa vierzehn Jahre alt war, zu der Zeit eine gute Leichtathletin, trainierte ich zweimal wöchentlich mit anderen Gleichaltrigen. Bodo war unser Trainer.

Ich kann mich nicht mehr genau daran erinnern, wie Bodo und ich uns näherkamen. Im Winter fand das Training im Saal des Dorfgasthauses statt. Eines Abends begleitete er mich nach Hause. Es war dunkel und das Dorf nur durch zwei spärliche Lampen auf den Kreuzungen erleuchtet. Bodo schob sein Fahrrad, ich ging neben ihm her. Kurz vor unserem Haus faßte er ganz fest meine Hand und sagte, ich solle mich auf den Gepäckträger setzen. Klopfenden Herzens erfüllte ich seinen Wunsch, und dann fuhr er an unserem Haus vorbei zum Sportplatz, der mitten im Wald lag, am Ende des Dorfes. Er hielt erst am Fußballtor an. Ich sprang vom Gepäckträger, und er stellte sein Fahrrad an den Pfosten. Der Mond schien ganz hell, und die Sterne funkelten am Himmel. Alles war so unwirklich. Ich fühlte mich verwirrt, hatte einerseits Angst und war andererseits aber neugierig auf das, was da kommen würde. Ich stand angelehnt am Pfosten des Fußballtores. Bodo legte seinen Arm um meine Schultern und zeigte mir den Mond und die Sterne. Ich war unfähig, mich zu bewegen. Und dann gab er mir einen Kuß mitten auf den Mund. Blitzschnell drehte ich mich aus seiner Umarmung und lief stolpernd über das Fußballfeld zum Ausgang des Sportplatzes. Nun war *er* wohl verwirrt. Laut rief er meinen Namen, schwang sich aufs Fahrrad und kam hinter mir hergefahren. Ich sah und hörte ihn nicht, wischte aber immer wieder mit der Hand den Mund ab, denn ich meinte, alle Leute würden sehen können, daß ich geküßt worden bin. Außerdem glaubte ich ganz fest, nun verlobt zu sein.

Verlobt mit vierzehn? Sollte meine Mutter doch recht haben? Während ich auf der dunklen Straße nach Hause rannte – Bodo fuhr neben mir her und versuchte, mit mir zu reden –, hörte ich sie drohend rufen: »Flittchen! Du Flittchen!« Tränen der Verzweiflung rannen mir über die Wangen.

Bodo ließ ich vor dem Gartentor einfach stehen. Ganz langsam tappte ich den Kiesweg entlang zum Hintereingang unseres Hauses. Ich versuchte, mich zu beruhigen, wischte immer wieder meinen Mund mit der Hand ab. Ich hatte panische Angst, daß meine Eltern entdecken könnten, daß ich geküßt worden bin. Dann würden sie mich sicherlich ins Erziehungsheim stecken – wie sie es schon öfter mir und meinen Geschwistern bei Ungehorsam angedroht hatten. Und war ich nun womöglich verlobt? Leise schlich ich ins Haus. Welche ein Glück: Meine Mutter war nicht da, und mein Vater telefonierte gerade. Ganz schnell ging ich ins Badezimmer, wusch mein Gesicht und rubbelte meinen Mund mit Seife ab, bis er ganz wund war. Klopfenden Herzens ging ich in die Küche zu meinen jüngeren Geschwistern. Ob sie wohl sehen würden, daß ich meinen ersten Kuß bekommen hatte? Die beiden benahmen sich aber nicht anders als sonst. Und als mein Vater hereinkam und mich ganz harmlos begrüßte, hätte man einen Stein von meinem Herzen fallen hören können. Diese Erleichterung! Man sah mir also nichts an. – Aber war ich jetzt verlobt?

Die große Liebe

Als ich fünfzehn Jahre alt war, zog ich mit meiner Familie aus dem kleinen Dorf in der Lüneburger Heide in eine mittelgroße Stadt am Rande des Harzes. Mein Vater hatte sich beruflich verändert.

Ich freute mich über den Umzug in eine größere Stadt, auch weil ich mir mehr persönliche Freiheit davon erhoffte. In dem Dorf fühlte ich mich oft sehr eingeengt und beobachtet. Jeder kannte dort jeden. Als Bürgermeister fühlte mein Vater sich verpflichtet, Vorbild zu sein, und die gleiche Lebensweise verlangten meine Eltern auch von uns Kindern. Meine Erziehung lief darauf hinaus, diesem Vorbild zu entsprechen und gerade als Älteste auch »Vorzeigekind« der Familie zu sein. Einige dieser Repräsentationspflichten haben mir bestimmt Spaß gemacht. Aber es gab auch Ereignisse, die ich lieber ungeschehen gemacht hätte. Eine dieser Situationen, in die mich meine Eltern durch ihren Ehrgeiz brachten, ist mir besonders in Erinnerung geblieben: In der Volksschule hatte ich eine Klasse zu überspringen. Dieses Ereignis manövrierte mich in eine noch »ab-

gehobenere« Stellung gegenüber den anderen Dorf-
kindern.

Später gehörte ich zu den wenigen Mädchen, die zum
Gymnasium gingen, und war wieder etwas Besonderes. Ständig war ich als »Bürgermeisters Töchterlein«
Anspielungen und spöttischen Bemerkungen ausgesetzt, von Kindern und Erwachsenen. Ich litt sehr unter
dieser Außenseiterrolle, und deshalb freute ich mich
auf die Stadt. Meine Schule war ein reines Mädchen-
gymnasium. Da ich durch den Umzug viel Lehrstoff in
den Sprachen nachholen mußte, hatte ich wenig Kontakt mit Jugendlichen außerhalb der Schule. Die Klas-
sengemeinschaft aber war gut, und bald lernte ich in
der Tanzstunde den Bruder einer Mitschülerin kennen.
Thomas war dreieinhalb Jahre älter und ein umschwärm-
ter junger Mann. Ich hatte zunächst kaum Interesse an
ihm. Durch meine strenge Erziehung verhielt ich mich
mißtrauisch und skeptisch jungen Männern gegenüber.
Besonders die Aussprüche meiner Mutter: »Halte deinen Körper heilig!« und »Flittchen!« waren tief in meinem Inneren verankert und kamen immer wieder in
mein Bewußtsein, wenn ich einen jungen Mann besonders gern mochte. Außerdem hatte Thomas den Ruf
eines Partylöwen und Charmeurs, dem kaum ein Mädchen widerstehen konnte. Ich wollte einfach nicht eine
dieser vielen Freundinnen sein.

Aber Thomas warb so sehr und ausdauernd um mich,
daß ich meinen inzwischen starken Gefühlen für ihn bei
einer Silvesterfeier endlich nachgab. Dieses Nachge-

ben bestand in einem heimlichen zarten Kuß auf die Stirn, in einer dunklen Flurecke. Es war das Jahr 1960: Petticoat, Pferdeschwanz und stilecht mit Penatencreme geschminkte Lippen, so sahen wir Mädchen damals aus. Die Jungen trugen stolz ihre Nyltesthemden und schmierten sich Pomade ins Haar. Zum Entsetzen unserer Eltern hörten wir Bill Healey und Elvis Presley, wir tanzten Rock 'n' Roll dazu, und ich lernte heimlich auf der Schultoilette den Text von *Rock around the clock* auswendig.

Thomas und ich verliebten uns ineinander, und nun begann ein Spiel der Lügen und der Willkür. Meinen Eltern paßte diese Freundschaft gar nicht. Thomas war ihnen zu alt für mich, seine Familie entsprach nicht ihren Vorstellungen, und außerdem war er gläubiger Katholik. Sie suchten immer wieder Gründe, mir diese Freundschaft auszureden oder ein Zusammensein zu verhindern. Klassenfeste und Hausbälle durfte ich nur mit ihm besuchen, wenn ich gehorsam war oder meine Eltern gute Laune hatten. Paßte ihnen etwas nicht, beschlossen sie kurzfristig, mir das Ausgehen zu verbieten. Wie oft habe ich Thomas wieder fortschicken müssen. Ein Spaziergang mit ihm war nur möglich, wenn ich meinen Eltern eine für sie akzeptable Geschichte vorgelogen hatte. Manchmal wußte ich schon gar nicht mehr, was ich eigentlich erzählt hatte. Es war furchtbar! Meine Eltern hatten kein Vertrauen zu mir und ich keines zu ihnen. Aus Gesprächen mit Freundinnen und durch Besuche bei ihren Familien wußte ich, daß sie vieles tun durften, was mir verboten wurde. Meine Eltern – und ich unterstelle ihnen dabei eine gute Absicht – waren immer darauf bedacht, nach außen hin das Bild einer heilen, vorbildlichen Familie zu vermitteln. Dazu gehörte es, daß wir uns ihren ganz persönlichen Wertvorstellungen unterzuordnen hatten. Ihr Verhalten verwirrte mich häufig, es schien so schizophren.

Je mehr Widerstand unsere Umgebung leistete, um so fester wurde die Beziehung zwischen Thomas und mir. Auch Thomas hatte Schwierigkeiten mit seiner Familie und auch mit der Kirche. Der Grund lag in meiner evangelischen Glaubenszugehörigkeit. Thomas' Onkel, ein katholischer Pfarrer, und seine unverheiratete Tante versuchten immer wieder, katholische Freundinnen für ihn zu finden. Auf Anraten des Pfarrers seiner Gemeinde hatte Thomas die Arbeit als Jugendgruppenleiter aufzugeben, da er mit einer evangelischen Freundin kein gutes Vorbild abgab. All diese Schwierigkeiten machten uns nur einfallsreicher und stärkten unser Zusammengehörigkeitsgefühl. Unsere Freundschaft wurde von Jahr zu Jahr inniger und dann allmählich auch von unseren Eltern und Familien akzeptiert. Doch der Autorität meiner Eltern konnten wir uns nicht entziehen. Solange wir uns ihren Wünschen unterordneten, verlief alles gut. Meine letzten Prügel aber bekam ich von meiner Mutter mit neunzehn Jahren, weil ich zu spät von einem Spaziergang mit Thomas nach Hause kam.

Am schlimmsten jedoch wirkte sich die Sexualerziehung meiner Eltern auf mein Selbstverständnis aus. Sie hat mich noch viele Jahre hemmend beeinflußt. So erlebte ich beispielsweise die erste intime Begegnung mit Thomas als besonders schlimm, obwohl wir schon sehr vertraut miteinander waren und bereits von einer gemeinsamen Zukunft träumten – vor allem dann, wenn wir uns mal wieder heimlich im Wald an »unserer« Bank trafen und Thomas Liebesgedichte von Goethe zitierte.

Ich war damals zwanzig Jahre alt, und wir verbrachten unseren ersten gemeinsamen Urlaub. Meine letzten Sommerferien vor dem Abitur hatten begonnen. Mit Rucksäcken und festem Schuhwerk wanderten wir von Jugendherberge zu Jugendherberge durch den Harz. Ich vertraute mich Thomas ganz an. Er hatte unsere Reise geplant und sorgte während der Wanderung dafür, daß alles gut klappte. Und wir waren sehr verliebt. Unterwegs kamen wir an manch einer Köhlerhütte vorbei. Ich hätte so gerne einmal darin übernachtet, aber Thomas hatte Angst, wir könnten überrascht werden. Keine sturmfreie Bude, kein Auto: Da blieb nur die Natur für ungestörte Zärtlichkeiten. Und immer die Angst im Nacken, entdeckt zu werden. Abends, gegen 22 Uhr, bevor wir in die Jugendherberge in getrennte Schlafsäle zurückmußten, passierte es dann: Beim innigen Schmusen und Küssen streichelte mich Thomas auch zwischen den Beinen. Anstatt das Gefühl zu genießen, geriet ich in Panik. Ich bekam schreckliche

Angst und meinte die Stimme meiner Mutter zu hören: »Du Flittchen!«, »Halte deinen Körper heilig!«, »Männer wollen nur das eine!« Ich rannte in die Herberge, weg von dem völlig verwirrten Thomas, der gar nicht so recht wußte, was los war. Zitternd am ganzen Körper, schluchzte und heulte ich, bis ich müde vom Weinen endlich einschlief.

Am nächsten Morgen war ich Thomas gegenüber sehr zurückhaltend. Ich schämte mich so vor ihm. Ständig fragte ich ihn in den folgenden Tagen, ob er mich noch liebhabe. Ich glaubte, nur weil er mich intim berührt hatte, würde er mich verachten und verlassen – dieses Schreckensbild jedenfalls hatte meine Mutter immer wieder heraufbeschworen.

Heirat und Karriereknick

In der Zeit vor dem Abitur überlegte ich, welchen Beruf ich erlernen wollte. Mein Traumberuf war Innenarchitektin. Aber das war kein »ordentlicher« Beruf für meine Eltern, und somit war der Traum schnell ausgeträumt. Es stand für mich fest, daß ich nicht in der Nähe meiner Heimatstadt studieren wollte, da ich dann weiterhin im Elternhaus hätte wohnen müssen. Außerdem hatte Thomas im Rahmen seines Medizinstudiums längst das Physikum absolviert und wollte gern die Universität wechseln.

Mit dem Abitur in der Tasche setzte ich meinen Dickkopf durch. Die qualvolle Schulzeit war endlich vorbei, und nun sollte auch die Abhängigkeit von meinen Eltern ein Ende haben. Ich entschied mich für den Beruf der Modeeinkäuferin und begann eine Ausbildung zur »Führungskraft in der Wirtschaft« bei *Karstadt* in einer Stadt in Schleswig-Holstein. Ohne meinen Eltern zu erzählen, daß Thomas dort auch studieren würde, bezog ich eine kleine Bude in seiner Nähe. Wir waren selig. Meine praktische Ausbildung und die vielen auswärtigen Seminare waren zwar ungewohnt und anstrengend, aber wir waren weit weg von familiärer Aufsicht.

Unsere Verliebtheit und unbekümmerte Freude über unsere endlich errungene Zweisamkeit bekam bald einen kräftigen Dämpfer: Ich war schwanger! Was waren wir doch naiv gewesen: Thomas, zwar glänzender, aber streng katholisch erzogener Medizinstudent, und ich, die ich unter ständigem moralischen Druck stand, gehemmt und ängstlich war – ausgerechnet uns mußte das passieren. Die Pille war erst ganz neu entwickelt worden. Sie einzunehmen, daran dachte ich überhaupt nicht. Außerdem wäre das ja vorsätzliche Bereitschaft zur Unzucht gewesen. Erst viele Monate nach der Entbindung bat ich meinen Arzt stotternd und errötend um ein Antikonzeptionsmittel.

Die Kommentare der Familie, meiner Gynäkologin und meiner Vorgesetzten waren so verletzend, daß ich glaubte, meiner Mutter recht geben zu müssen: Ich fühlte mich wie ein Flittchen. So schnell wie möglich heirateten wir, natürlich katholisch. Ich willigte in alles ein, was diese Glaubensrichtung von mir verlangte. Bald nach der Hochzeit bauten wir unser Nest, in einer kleinen, möblierten Altbauwohnung, mit Klo auf halber Treppe. Unsere Ausbildungen liefen weiter. Thomas arbeitete zusätzlich zum Studium als Pfleger in der chirurgischen Abteilung der Universität.

Eine Woche vor der Entbindung hörte ich auf zu arbeiten. Und dann wurde Cathrin geboren – ein großes Erlebnis. Drei Wochen später legte ich meine Prüfungen ab. Da ich meine Ausbildung mit einem bestimmten Abschluß beenden wollte, übernahmen Thomas und für drei Monate meine Eltern Cathrins Pflege. Dann aber gab ich diese kaum begonnene Karriere wieder auf: Die Rolle als Ehefrau und Mutter war mir wichtiger.

Die »wilden« Sechziger

In den sechziger Jahren, diesem Jahrzehnt voller gesellschaftlicher, wirtschaftlicher, außen- und innenpolitischer Ereignisse und Veränderungen, spielte sich meine Jugend ab, meine Entwicklung vom Kind zur Frau. Allzuviel habe ich von diesen wilden Sechzigern nicht mitbekommen, jedenfalls nicht bewußt. Wenn ich jetzt aber so zurückdenke, erinnere ich mich doch an vieles.

Da war zum Beispiel der »Dicke mit der Zigarre«, Wirtschaftsminister Ludwig Erhard, eine Respektsperson, die der Bundesrepublik zum blühenden Wirtschaftswunder verhalf. Millionen ausländischer Gastarbeiter wurden angeworben und kamen ins Land. Der Wohlstand wuchs. Die Zahl der Studenten verdoppelte sich fast. In diesem Jahrzehnt entwickelte sich das Fernsehen zum populärsten Massenmedium. Weltereignisse kamen elektronisch vermittelt bis ins Wohnzimmer. Wir hielten entsetzt den Atem an, als Nikita Chruschtschow bei seinem berühmten Auftritt 1960 im UNO-Hauptquartier den Schuh auszog und damit kräftig auf sein

Pult einschlug, um seinem Antrag Nachdruck zu verleihen. Im August 1961 – ich verbrachte gerade die Ferien in Frankreich – wurde die Mauer gebaut. Die Kubakrise schwor beinahe einen dritten Weltkrieg herauf.

Und dann drückte ich mir an der Mattscheibe fast die Nase platt und fieberte bei den Wettkämpfen im Eiskunstlauf eifrig mit: 1963 schafften sie es dann – das Traumpaar Kilius/Bäumler wurde Weltmeister.

John F. Kennedy besuchte Berlin und sprach den denkwürdigen Satz: »Ich bin ein Berliner.« Einfach hinreißend, dieser jungenhaft aussehende Präsident der Vereinigten Staaten! Wenige Monate später wurde er in Dallas ermordet. Es muß an einem Freitag geschehen sein, denn wir badeten freitags immer. Ich saß gerade in der Wanne, als meine Mutter es mir mit tränenerstickter Stimme zurief. Ich war tief erschüttert, und mit mir meine Familie und die ganze Nation.

Aus der weiten und der nahen Welt kamen viele schreckliche Nachrichten in die Wohnzimmer geflimmert. Wir sahen Bilder vom Krieg in Vietnam, vom Beginn der Kulturrevolution in China. Ohnmächtig mußten wir zuschauen, wie sowjetische Panzer in die ČSSR einrollten und den »Prager Frühling« unter Alexander Dubček abrupt beendeten. Im selben Jahr hörten wir die Nachricht von der Ermordung Martin Luther Kings, dem Führer der schwarzen Bürgerrechtsbewegung in den USA. Fasziniert verfolgten wir auf dem Bildschirm die Landung des ersten Menschen auf dem Mond.

Auch in der jungen Bundesrepublik häuften sich die

Skandale: Die Bildung der »Großen Koalition«, die Notstandsgesetze, die autoritären Hochschulgesetze, die Springer-Presse und die *Spiegel*-Affäre – dies und vieles mehr führte zu Kundgebungen, Ostermärschen und Demonstrationen. Fidel Castro und Che Guevara in Kuba, Mao Tse-tung in China, Ho Chi Minh in Vietnam und Rudi Dutschke in Deutschland – sie alle verkörperten für die Studentenbewegung Intellektuelle, die dem traditionellen Schicksal ihrer Klasse entronnen waren und die Welt veränderten. Sie schienen die idealen Helden im Kampf gegen verkrustete Politiker und die konventionelle Elterngeneration zu sein.

Nicht nur in der Politik, auch im Privatleben wollte man die Fesseln abstreifen, etwas ganz Neues machen. Die Kommunen wurden ins Leben gerufen, Wohngemeinschaften, in denen SDS-Studenten zunächst einmal Privatleben und politischen Alltag verbinden wollten. Später dann wurde in diesen Kommunen die antiautoritäre Erziehung geprobt, die oft nur die kaum verarbeitete autoritäre Erziehung der Eltern negierte. Die Kinder wurden zu Studienobjekten. Anfang 1968 beim Internationalen Vietnam-Kongreß im Audimax der Technischen Universität in Berlin wurde von frustrierten Frauen, die sich vom Mutterzwang befreien und wie die Männer politisch aktiv sein wollten, die Idee für Kinderläden geboren. Ein Jahr später gab es allein in Berlin schon elf solcher Horte.

Der totale Umsturz der alten Verhältnisse war das Ziel dieser antiautoritären Bewegung – raus aus der Enge der Kleinfamilie, dem Streit um die gerechte Teilung der Erziehungs- und Betreuungsarbeit. Jetzt sollte alles geteilt werden: Wohnung, Kinder, Liebe. Aber ganz so harmonisch ließen sich die Vorstellungen nicht realisieren. Für mich waren das damals Hirngespinste von langhaarigen, ungepflegt aussehenden Studenten, die nicht ernsthaft studierten wie Thomas und seine Freunde, sondern die nur provozieren wollten. Wir kannten wohl die Namen wie Fritz Teufel, Gudrun Ensslin, Andreas Baader, Rudi Dutschke oder Tommy Weißbecker. Obwohl wir mittendrin lebten und auch unsere Stadt von Unruhen ergriffen war, hatten wir kein Interesse und keine Zeit, an diesen Umsturzversuchen unserer gleichaltrigen Kommilitonen teilzunehmen. Oder war es Angst? Angst vor den Sanktionen der Familie oder der Gesellschaft? Über Tommy Weißbecker diskutierten wir heftig, schließlich war er der Sohn eines angesehenen Professors, eines bekannten Mediziners unserer Universität.

Auch die Mode war revolutionär. Courrèges kreierte futuristische Kleidung, ganz im Einklang mit den Astronauten, die den Mond eroberten. Die Männer ließen sich die Haare wachsen, und wir Frauen toupierten unsere Mähnen und kringelten die Spitzen vor den Ohren zu Sechser-Locken oder bauten uns große Nester auf dem Kopf. Der Lidstrich war zwar *in*, und meine Freundinnen malten sich diese schwarzen Balken auch jeden Morgen bewundernswert präzise über die Augenlider, ich aber konnte mich damit nicht anfreunden.

Twiggy, die Bohnenstange, schrieb Figur und Gewicht vor, doch auch da konnte ich nicht mithalten. Ich sah eher aus wie Vivi Bach.

Aus England brachte uns Mary Quant den Minirock. Er war ein Stück Rebellion, die ich aber nur sehr abgeschwächt vollzog. Meine Röcke endeten höchstens eine Handbreit über dem Knie – mehr gestand mein Anstand mir nicht zu. Ich wollte doch kein »Sexobjekt« sein. Eine Gruppe von Frauen schrie: »Der Minirock befreit!« und trug die Röcke provozierend kurz, egal ob dicke oder dünne Beine. Die anderen riefen: »Der Mini ist ein Werk des Teufels!« Selten zuvor hatte wohl in der Modegeschichte ein Kleidungsstück so viel Aufsehen erregt.

Auch die neue Musik ließ uns nicht ganz unberührt. Thomas und ich tanzten gern. Der Rock 'n' Roll verlangte von uns gute Kondition und fast artistische Fähigkeiten, dagegen waren das Hüfteschwenken und die Armverrenkungen beim Twist eine Kleinigkeit. Unsere Eltern schüttelten den Kopf. Sie empfanden diesen Tanz als animierend und unanständig, als unpassend für ein nettes, guterzogenes Mittelstandsmädchen. Tanz ohne Regeln, das war gerade noch machbar, Leben ohne Regeln, das war für mich kaum zu verwirklichen. Geträumt habe ich sicherlich davon.

Rock, Pop, Beat, Blues und Schnulze – all diese Musikrichtungen hatten Platz in diesem Jahrzehnt. Wir hörten Cliff Richard, Chris Barber, The Beatles, The Rolling Stones, Tom Jones und Jimi Hendrix. Wir sangen Manuelas *Schuld war nur der Bossa Nova* und Gittes *Ich will 'nen Cowboy als Mann*. Bei unserer Hochzeit spielte man Roy Blacks *Ganz in Weiß*, und Alexandra vertrat schon heutige »moderne« Ansichten in ihren Liedern wie *Mein Freund, der Baum* oder *Zigeunerjunge*.

Thomas und ich besuchten regelmäßig Theater und Konzerte. Aber das Kino war wohl das wichtigste Fenster zur Welt. *Bettgeflüster* mit Doris Day war bis dahin das Äußerste an vorstellbarer Frivolität gewesen. Können Sie sich da die Empörung unserer Eltern über Ingmar Bergmans *Schweigen* vorstellen? Ein Skandal und Riesenpublikumserfolg. Es wurde streng kontrolliert, ob wirklich alle Zuschauer achtzehn waren. Vor einigen Kinos stand sogar ein Polizist. Unvergeßlich sind mir die Schauspieler Gustaf Gründgens und Elisabeth Flickenschildt in *Faust* und Bernhard Wickis Film *Die Brücke* mit dem jungen Volker Lechtenbrink. Geradezu süchtig war ich nach *Doktor Schiwago*.

Aber die Aufklärungsfilme von Oswald Kolle und erst recht Sexfilme wie *Schulmädchen-Report* blieben mir verwehrt. Solche »Schweinereien« sah ein junges Mädchen wie ich sich einfach nicht an.

In diesen Jahren entdeckte ich die Liebe zu einem Land, gegen das in der Elterngeneration noch Krieg geführt worden war – Frankreich. Ich gehörte mit zu den ersten Jugendlichen, die französische Familien besuchten. Freundschaften entwickelten sich, die bis heute bestehen und auch von der nächsten Generation weiter gepflegt werden. Der frühzeitige Umgang mit einer anderen Sprache und Kultur hat mir geholfen, offen zu werden, tolerant zu sein und Fremdes anzunehmen.

Auch wenn ich mich während dieses Jahrzehnts nicht oft aktiv an den rebellischen Forderungen nach gesellschaftlichen Veränderungen beteiligt habe, glaube ich doch, daß sie mich mit geformt haben. Es ist nicht alles an mir vorbeigezogen, ohne Spuren zu hinterlassen. Viele dieser aufbegehrenden Forderungen haben sich unbewußt verinnerlicht.

Am deutlichsten ist der Einfluß der »wilden« Sechziger auf meine spätere Lebensform vielleicht sogar an meiner Einstellung zur Sexualität festzumachen. Ich wurde dazu erzogen, Sexualität als reinen Sex und ausschließlich als Zeugungsakt zu sehen. Nichts von Lust oder gar Zärtlichkeit. Alles, was Unverheiratete damals machten, war »unzüchtig«. In der Ehe waren wir dann erst einmal unsicher, verängstigt und uns selbst überlassen.

Daß meine – und viele andere – Eltern uns nicht richtig aufgeklärt haben, ist ihnen kaum zu verübeln. Die Nazizeit hatte sie tief beeinflußt und somit auch ihre sexualmoralischen Ansichten. Die Faschisten hatten ein negatives, gestörtes Verhältnis zur Sexualität, was sich auch auf meine Eltern auswirkte, die sich zudem stark in der Hitlerjugend und beim BDM engagiert hatten. Es war ihre Jugend, sie waren in dieser Zeit zwischen sechzehn und achtundzwanzig Jahren. Über ihre Sexualaufklärung und ihr Sexualverhalten haben sie nie mit mir gesprochen – das Thema war tabu. Ich kann mich daran erinnern, daß ich als kleines Kind im Schlafzimmer meiner Eltern im Medizinschränkchen so »komische Luftballons« fand, die ich aufzublasen versuchte. Meine Eltern sahen sich nur bedeutungsvoll an und lachten verschämt.

Auch lange nach dem Krieg schienen sich die Moralvorstellungen der Nazis in den Köpfen der Leute zu halten. Zum Beispiel verbot die *Himmlersche Polizeiverordnung* bis in die sechziger Jahre hinein jegliche Werbung für Verhütungsmittel. Und auch den Kuppeleiparagraphen gab es noch bis Ende der Sechziger. Er verbot Vermietern, Bekannten und Familienangehörigen, unverheirateten Paaren Räume zur Verfügung zu stellen, in denen sie »Unzucht« treiben konnten.

Erst die *sexuelle Revolution*, die mit der Studentenbewegung kam und die Antibabypille, Aufklärungsfilme und Kinsey-Reports brachte, stillte endlich die Neugierde der Jugend und beseitigte ihre Unwissenheit. Presse und Industrie erkannten den Bedarf. Viele Informationsbücher und Zeitschriftenserien entstanden.

Als ich mein erstes Kind geboren hatte und mir Gedanken über seine Erziehung machte, schwor ich mir, vieles anders zu machen als meine Eltern. Ich wollte vor allem eine Vertrauensbasis zwischen mir und meinen Kindern aufbauen. Sie sollten über alles frei mit mir sprechen können, und ich würde ihnen die bestmöglichen Antworten geben, die ich finden könnte. Besonders im Hinblick auf ihre Sexualerziehung sollten statt Tabus und Strenge eine große Offenheit und viel Verständnis vorherrschen.

Brief einer Mutter
an ihre Tochter:
Cathrins Geschichte

Du bist unser erstes Kind, auf das wir uns sehr freuten. Die Entbindung verlief nicht gut – Du hattest keine große Lust, auf diese Welt zu kommen. Du hattest Dir die Nabelschnur zweimal um den Hals gewickelt, und dann riß auch noch die Saugglocke. Die Geburt war unter diesen Begleitumständen recht dramatisch. Aber Du kamst gesund und ohne Schaden auf die Welt. Drei Wochen nach der Entbindung machte ich meine Prüfungen. Dein Vater kümmerte sich rührend um Dich. Niemand durfte Dir zu nahe treten. Er überwachte die Mahlzeiten, das Baden und das Wickeln und spielte mit Dir. Am liebsten machte er das ganz allein. Sogar Mutter und Schwiegermutter durften Dich nur unter seiner Aufsicht und nach seinen Empfehlungen betreuen – dafür riskierte er sogar einen Krach. Da ich nach dem Mutterschutz von acht Wochen meine Ausbildung beenden wollte und Thomas neben dem Studium den Unterhalt verdienen mußte, nahmen Dich Deine Großeltern für drei Monate zu sich und versorgten Dich vorbildlich. Wir besuchten Dich an jedem Wochenende und freuten uns sehr, als wir drei dann endlich wieder zusammenleben konnten. Ich nahm Deine Pflege sehr genau. Da ich nichts falsch machen wollte, las ich viele Bücher über Kindererziehung und -pflege. An mehreren Abenden in der Woche, wenn Du schliefst und Dein Vater lernte, verdiente ich Geld als Platzanweiserin im Kino oder als Nachtwache auf der chirurgischen Station. Tagsüber aber hatte ich viel Zeit. Ich habe viel mit Dir unternommen: gespielt, gelacht, gesprochen und weite Spaziergänge durch die Parkanlagen der Stadt gemacht. Bald kannte uns jede Ente – wir fütterten sie und sangen dabei. Häufig trafen wir meine Freundinnen, die Kinder im gleichen Alter hatten. So hattest Du auch viel Kontakt zu anderen Mädchen und Jungen. Du entwickeltest Dich zu einem lebhaften kleinen Mädchen, das früh sprechen konnte und sich auch gut allein beschäftigte. Luxus, wie eine schöne große Wohnung oder ein Auto, konnten wir uns nicht leisten. Aber wir waren eine zufriedene kleine Familie.

Nach Thomas' Examen, Du warst anderthalb Jahre alt, zogen wir aus der Großstadt in eine kleine Stadt an der Küste. Unser Leben veränderte sich sehr. Dein Vater hatte kaum noch Zeit für uns, da er viel arbeiten mußte, um unseren Lebensunterhalt zu verdienen. Er machte zusätzlich Nachtdienst und Vertretungen in Arztpraxen. Wir wohnten in einem Reihenhaus zusammen mit anderen Arztfamilien in der Nähe des Krankenhauses. Mir gefiel es dort überhaupt nicht. Die rauhe Landschaft, weit entfernt von Freunden und Verwandten, ohne

Auto. Es war nicht einfach für Dich, mit den anderen Kindern aus der Nachbarschaft zurechtzukommen. Du warst die Kleinste und hast mir oft leid getan. Ich mischte mich häufig in Eure Streitereien ein. Nur allmählich merkte ich, daß Du immer den Ton angeben wolltest und alle anderen nach Deiner Pfeife tanzen sollten. Ich schaffte es selten, Dich konsequent zu erziehen – Du hast mich meistens ausgetrickst. Vielleicht war ich zu jung? Aber vielleicht hatte ich auch Hemmungen, konsequent zu sein? Ich hatte Angst, in eine autoritäre, intolerante und vielleicht auch brutale Erziehungsweise abzugleiten. Das wollte ich auf keinen Fall. Da ich auch von Deinem Vater wenig Unterstützung bekam, hatte ich große Mühe, den richtigen Stil zu finden. Meine Unzufriedenheit und Unausgeglichenheit wirkte sich nicht gerade positiv auf die Familienatmosphäre aus.

Als Du zweieinhalb Jahre alt warst, wurde ich schwanger. Ich war nicht sehr glücklich darüber. Ich fühlte mich überfordert. Über die Geburt von Florian freute ich mich dann aber doch sehr. Ich war fünfundzwanzig Jahre alt, hatte zwei Kinder zu versorgen und zu erziehen und einen Mann, der für wenig Geld viel arbeitete. Seine Arbeit bestimmte außerdem stark unser privates Leben. Florian war ein unruhiges Baby, seine Pflege nahm mich sehr in Anspruch. Oft machtest Du dann Dummheiten oder bist weggelaufen auf das weitläufige Krankenhausgelände. Also mußte ich mich Dir gezwungenermaßen zuwenden und legte Florian wieder ins Bett zurück. Ich fühlte mich hin- und hergerissen zwischen Euch beiden. Du warst eifersüchtig auf Deinen Bruder. Ich glaube, ich habe viel mit ihm geschmust und hatte so ganz andere Gefühle für ihn als für Dich. Ich liebte Euch beide sehr. Florian entwickelte sich zu einem kleinen Charmeur, er machte aber auch viel Blödsinn. Vor allem aber hatte er einen sehr großen Bewegungs- und Freiheitsdrang. Zeitweise war ich nur damit beschäftigt, hinter Euch herzulaufen, um Euch von der belebten Straße, von Baustellen oder vom Krankenhausgelände wegzuholen. Hatte ich mir mein Leben so vorgestellt? Wohl kaum. Aber es war nun mal so, und ich versuchte mich zu fügen. Du hast dann später viel Zeit mit Deinem Vater auf dem Segelflugplatz verbracht. Ich blieb meistens mit Deinem Bruder zu Hause. Es war mir einfach zu anstrengend, immer so sehr auf ihn aufpassen zu müssen. Du aber hast es genossen, zwischen den Flugzeugen und den Menschen herumzulaufen, mitzuhelfen und häufig im Mittelpunkt zu stehen. Du warst ein hübsches, freundliches, lebhaftes kleines Mädchen.

Im Dezember 1971 zogen wir um in eine nah gelegene kleine Stadt, wo wir eine Praxis für Allgemeinmedizin aufbauten. Dein Vater hatte den kränkelnden Vorbesitzer dieser Praxis oft vertreten. Nun bot er sie uns mit Haus und Grundstück zur Übernahme an. Wir griffen zu, selig, von nun an selbständig zu sein, etwas Eigenes zu besitzen. Wir waren verliebt in das große, alte Haus mit dem riesigen romantischen Garten. Monatelang renovierten wir an den Wochenenden und freien Tagen fleißig die Räume, unterstützt von handwerklich begabten Freunden und Kameraden Deines Vaters, der zu dieser Zeit seinen Wehrdienst als Stabsarzt absolvierte.

Du hast Dich gut mit Florian verstanden. Ihr wart inzwischen fünfeinhalb und zweieinhalb Jahre alt und unzertrennlich geworden. Ihr seid im Haus herumgetobt, habt den Garten erobert und die Umgebung erkundet. Im Januar 1972 eröffneten wir dann die Praxis. Du bist morgens in den Kindergarten gegangen, und im Haus hatten wir eine Hilfe, die Florian beaufsichtigte. Ich arbeitete zusammen mit Deinem Vater und einer Arzthelferin in der Praxis.

Florian war für sein Alter sehr groß, was uns und andere Menschen oft vergessen ließ, daß er erst zweieinhalb Jahre alt war. Du hast es gerne so dargestellt: Wenn Du nachmittags mit Florian draußen gespielt hast und Leute an unserem Grundstück vorbeikamen, hast Du den Arm um Deinen Bruder gelegt und gesagt: »Ich bin Cathrin, das ist mein Bruder Florian – er ist erst zwei, sieht aber aus wie vier. Und mein Papa, der ist hier der neue Arzt.« Somit hast Du Klarheit über das Alter Deines kleinen Bruders geschaffen und gleichzeitig Reklame für Deinen Vater gemacht. Diese kleine Episode erzählten uns später Patienten.

Wir alle waren glücklich und fühlten uns rundum wohl. Sechs Wochen dauerte dieses große Glück – dann verunglückte Florian tödlich. Er fiel in den Bach, der an unserem Grundstück vorbeifließt. Durch die Schneeschmelze war dieser kleine, dahinplätschernde Bach zu einem reißenden Fluß geworden. In einem unbeaufsichtigten Moment lief Florian dorthin, rutschte die Böschung hinunter und ertrank. Nach stundenlangem Suchen fand Thomas zusammen mit Pelé, unserem Hund, zweihundert Meter von der Absturzstelle entfernt seinen Sohn kurz vor einer Brücke im Gebüsch hängend. Ich fühlte mich verantwortlich für seinen Tod, meinte, meine Aufsichtspflicht als Mutter vernachlässigt zu haben, da ich zu der Zeit in der Praxis arbeitete.

Ich war vor Schmerz völlig betäubt und hatte einen Nervenzusammenbruch. Du warst zum Zeitpunkt des Unglücks im Kindergarten und wurdest von Nachbarn abgeholt, wo Du dann den Nachmittag über mit den Kindern spieltest. Gegen Abend holte Dein Vater Dich dort ab. Du hast Dich später so daran erinnert: »Er sagte keinen Ton auf dem Weg nach Hause. Dann kann ich mich nur noch daran erinnern, daß ich ins Wohnzimmer kam und Dich, Mama, am Tisch sitzen sah, auf dem eine Kerze brannte. Der Rest des Hauses war nicht beleuchtet. Es war alles so unheimlich. Ich weiß nur noch, daß ihr versucht habt, mir zu erklären, was mit Florian passiert war. Ich habe es nicht geglaubt und bin in sein Zimmer gelaufen, um ihn zu suchen. Aber ich fand ihn nicht. Lange Zeit habe ich geglaubt, ihr hättet ihn zu Bekannten weggegeben, bis ich irgendwann merkte, daß er wirklich nicht mehr am Leben war.«

Viele Jahre später hast Du mir erzählt, daß Du Dir immer die Schuld an Florians Tod zugewiesen hast. Einen Tag vor dem Unglück hatten die Nachbarjungen und Du nämlich zusammen mit dem Kleinen trotz des elterlichen Verbots am Bach gespielt. Und nicht weit entfernt von dieser Stelle fiel er dann am nächsten Morgen in das eiskalte Wasser und starb. Du mußt unter dieser Last all die Jahre sehr gelitten haben. Trotz der großen Offenheit unter uns hast Du nie über Dein Schuldgefühl gesprochen. Immer, wenn wir uns über Florian unterhielten, schossen Dir die Tränen in die Augen. Sein Grab hast Du nur selten besucht.

Nach diesem tragischen Ereignis zog ich mich in meiner Trauer zurück, war oft unbeherrscht, egoistisch und haßte zeitweise alles, was noch lebte. Aber besonders um kleine Jungen machte ich einen großen Bogen und versuchte, Begegnungen mit ihnen zu vermeiden. Ich war sehr verzweifelt und zog mich zurück in Depressionen, Schlaf- und Tagträume. Ich ignorierte Dich einerseits häufig, und andererseits versuchte ich, Dich sehr an mich zu binden. Ich war so zwiegespalten. Manchmal dachte ich: So ist es, wenn man verrückt wird.

Deine großen fragenden Augen während dieser Zeit werde ich nicht vergessen. Ich hatte das Gefühl, Du wolltest mir Florian ersetzen.

Puppen haben Dich wenig interessiert. Zu Weihnachten hast Du einmal ein Puppenhaus bekommen, das vollständig eingerichtet und von einer Puppenfamilie bewohnt war. Florian bekam eine Holzeisenbahn geschenkt. Schon nach kurzer Zeit hast Du mit der Eisenbahn gespielt und er mit dem Puppenhaus. Ihr habt häufig Euer Spielzeug ausgetauscht. Du bautest leidenschaftlich gern ganze Städte aus Legosteinen, in denen dann Matchbox-Autos, Trecker und kleine Hubschrauber ihren Platz fanden. Später hast Du Dich mit Barbie-Puppen beschäftigt. Barbie war aber nur eine Randfigur, viel wichtiger waren Dir die Action-Puppen. Die Plastik-Supermänner hast Du Dir von Deinem ersparten Geld kaufen müssen, denn ich mochte diese Puppen nicht. Am liebsten aber hast Du Dich draußen aufgehalten. Deine Spielkameraden waren überwiegend Jungen. Kinderlärm erfüllte fast täglich Haus und Garten. Ich wurde häufig von Patienten gefragt, ob wir Kindergeburtstag hätten. Am liebsten spieltest Du Cowboy und Indianer. Unser Garten war wie geschaffen dafür. Der höchste Baum war nicht zu hoch für Dich. Mit dem Bonanza-Rad vollführtest Du wahre Kunststücke, und auf dem Pferderücken warst Du zu Hause. Ganz stolz warst Du immer, wenn Du als einziges Mädchen beim Fußball mitspielen durftest. Du liebtest es, zu hämmern und zu sägen.

Dazu fällt mir eine Begebenheit im Kindergarten ein: Ich brachte Dich eines Morgens etwas verspätet dorthin. Die Mädchen saßen schon am runden Tisch und bastelten. Die Jungen spielten draußen oder werkelten an der Hobelbank. Am Tisch waren alle Plätze besetzt, und ein kleines Mädchen stand auf und sagte: »Hier ist kein

Platz mehr frei für Dich, Cathrin, aber Du spielst ja sowieso viel lieber mit Jungen.« Die Kindergärtnerin kommentierte das mit den Worten: »Ja, Frau Bartels, darüber wollte ich schon lange mal mit Ihnen sprechen. Cathrin ist überwiegend mit den Jungen zusammen und hämmert und sägt. Ich finde das nicht normal – finden Sie das in Ordnung? Woher hat sie das bloß?« Ja, woher hatte sie das bloß? Ich war wütend, weil ich das gar nicht unnormal fand und meine Kinder bewußt nicht geschlechtsspezifisch erzogen habe. Dein Vater und ich sind handwerklich geschickt und machen viele Dinge selbst. Thomas fühlt seine Männlichkeit nicht untergraben, wenn er hausfrauliche Arbeiten verrichtet. Da war und ist es ganz natürlich für uns, daß unsere Kinder alles, wozu sie Lust hatten und haben, tun konnten und können. Und dazu gehörten für Dich auch Hammer und Säge oder Cowboy-und-Indianer-Spiele.

Gut ein Jahr nach Florians Tod wünschte sich unsere kleine Familie noch ein Baby. So bekamst Du, als Du siebeneinhalb Jahre alt warst, Deine Schwester Judith, ein lebhaftes, fröhliches Kind. Viel Gemeinsames hattet ihr beiden nicht – dazu war der Altersunterschied zu groß. Du hattest wenig Pflichten Deiner Schwester gegenüber, denn ich lehnte eine Erziehung mit einer zu großen Erwartungshaltung an die älteste Tochter ab. Diese Art der Erziehung hatte ich in zu schlechter Erinnerung. Ihr beide habt ein unkompliziertes Verhältnis zueinander entwickelt.

Bis zu Deinem zwölften Lebensjahr etwa hattest Du immer viele Kinder um Dich herum. Dann aber änderte sich das. Du spieltest sehr viel allein: Karten gegen Dich selbst, Puzzle, Fischertechnik, Playmobil, mit dem Ball oder mit dem Hund. Ich habe Dich oft genervt, weil ich Dich immer gefragt habe, ob Du glücklich seist, Dich wohl fühlen würdest. Und Du hast ganz erstaunt, aber gelassen mit »Ja« geantwortet. Ich habe Dir und Judith viele Jahre abends vorgelesen, vorgesungen und Euch in den Schlaf gestreichelt. Das habt ihr beide sehr genossen. Mit der Pubertät änderte sich vieles. Du hattest zunehmend Schwierigkeiten. Da Du im Schulunterricht immer weniger gesprochen hast, erbrachtest Du Deine Leistungen nur durch schriftliche Arbeiten, und auch hier motivierten Dich nur Lehrer, die Du mochtest. Kritik konntest Du gar nicht ertragen, dann warst Du tagelang beleidigt und unausstehlich. Mit dem Klavierunterricht hast Du nach drei Jahren aufgehört, dafür hast Du dann aber Gitarre spielen gelernt. Du hast gern auf diesem Instrument gespielt, aber am liebsten für Dich allein. Auch Tennis spieltest Du gut, aber Turniere hast Du nicht geliebt. Du mochtest den Einzelkampf nicht. Da machte Dir das Handballspiel in der Mannschaft mehr Spaß. Das Skilaufen und Reiten hast Du in diesen Jahren auch aufgegeben. Die Schwierigkeiten mit Jungen nahmen zu. Du hast ihr Verhalten nicht mehr verstanden. Du wolltest weiterhin eine unkomplizierte Kameradschaft mit ihnen, sie aber wollten schmusen, küssen und mit Dir »gehen«. Du durftest nicht mehr mit ihnen Fußball spielen, nur noch zuschauen. Du hattest auch keine Freundin, mit der Du über alles hättest sprechen können. Sicherlich, Du kanntest viele Mädchen, mit denen Du gespielt hast. Aber richtige Freundinnen waren es eigentlich nicht.

Das Verhältnis zu Deinem Vater begann in diesen Jahren immer schlechter zu werden. Du warst ihm gegenüber oft so frech und anmaßend, daß es mir manchmal die Sprache verschlug. Zuerst versuchte ich zwischen Euch zu vermitteln. Später ließ ich Euch allein mit Euren Auseinandersetzungen. Ich mußte mir dann aber immer von jedem die Aussagen einzeln anhören, und jeder von Euch wollte, daß ich seine Seite unterstützte.

Du hast immer Wert darauf gelegt, bei Auseinandersetzungen zwischen uns beiden nicht mein Wohlwollen zu verlieren. Auch heute ist es noch so, daß Du auf mich zukommen kannst, was Dir bei anderen Menschen selten gelingt.

Bis zum fünfzehnten Lebensjahr bist Du zur Realschule in unserem Ort gegangen. Dann hattest Du den Wunsch, das Abitur zu machen. Beeinflußt wurde dieser Wunsch sicherlich durch mein Studium, das ich kurz zuvor begonnen hatte. Du hattest wohl erkannt, daß die Hochschulreife größere Flexibilität erlaubte und daß man damit – so wie ich – früher oder später in jedes akademische Studium einsteigen konnte. Dein Notendurchschnitt aber reichte nicht aus. Wir informierten uns eingehend – es blieb nur ein Schulwechsel. Wir entschieden uns nach langen, eingehenden Beratungen für das nächstliegende Internat. Du wiederholtest die letzte Realschulklasse und hast einen guten Abschluß gemacht. Dann solltest Du eigentlich wieder nach Hause kommen, um zum Fachgymnasium zu gehen. Du wolltest aber gern im Internat bleiben. Ich unterstützte Deinen Wunsch, weil ich ahnte, warum Du dort bleiben wolltest: Du suchtest nach einer Möglichkeit, zu Dir selbst zu finden.

Im Internat hast Du gelernt, etwas mehr *miteinander* zu leben. Dein soziales Engagement war zu der Zeit nicht sehr groß. Du warst stark darauf bedacht, Deinen Willen durchzusetzen. Du hast selten an die anderen gedacht, was mich oft verblüffte, weil ich das von mir nicht kannte. Außerdem warst Du stur. Das ging oft so weit, daß Du Dich völlig verkrampftest, wobei sich diese Verkrampfung häufig erst in meinen Armen löste. Du kannst auch heute noch schlecht nachgeben, selbst wenn Du weißt, daß Du im Unrecht bist.

Als Du zehn Jahre alt warst, hattest Du eine Klassenkameradin, die in unserer Nähe wohnte und mit der Du viele Nachmittage verbrachtest. Eines Tages erzähltest Du mir von einem etwa fünfzehnjährigen Mädchen, das Dich durch seine äußere Erscheinung sehr beeindruckte. Deiner Klassenkameradin Barbara aber erzähltest Du nichts von Deinen Gefühlen. Ihr beide seid oft hinter der Älteren hergelaufen, die das aber wohl nie bemerkte. Ihr kanntet ihren Namen nicht, habt mir das junge Mädchen aber mal gezeigt. Es sah wirklich gut aus und hatte eine natürliche Ausstrahlung. Ich habe sicherlich den Kopf geschüttelt, als Du mir von Deinen Schwärmereien erzähltest – ich fand es merkwürdig und komisch zugleich.

Jedesmal, wenn ich sie heute sehe, denke ich daran, daß diese junge Frau Deine erste heimliche Liebe war.

Das Schulzentrum liegt mitten im Ort. Hier ist auch die Realschule untergebracht. Du hattest keinen sehr langen Schulweg, Du fuhrst immer mit dem Fahrrad. Ich glaube, Du bist ganz gern zur Schule gegangen, jedenfalls hast Du Dich nie beklagt. Auch mit den Lehrerinnen und Lehrern kamst Du überwiegend gut zurecht. Ich war während dieser Jahre Elternvertreterin und hatte somit engen Kontakt zu Schülern, Eltern und Lehrern.

Als Vierzehnjährige verehrtest Du sehr stark eine junge Lehrerin von Deiner Schule. Diese junge Frau hatte gerade ihr Studium beendet und absolvierte ihre Referendarzeit. Sie war jugendlich und hübsch und übte auf Dich eine magische Anziehungskraft aus. Du selbst hattest sie nicht im Unterricht. Ihr kanntet Euch nur vom Sehen. Du hast oft zu Hause von dieser Lehrerin geschwärmt und bist häufig länger in der Schule geblieben, nur um einen Blick von ihr zu erhaschen. Manchmal bist Du nach Unterrichtsschluß zu mir gekommen und hast darum gebeten, wieder in die Schule fahren zu dürfen, denn Du würdest diese Lehrerin so gern mögen und sie so gern ansehen. Ich erlaubte es und amüsierte mich über diese Schwärmerei, obwohl sie mich nachdenklich stimmte. Du hast dann auf dem Schulhof gesessen und so lange gewartet, bis die junge Frau heraustrat und Dich anlächelte. Den Rest des Tages verbrachtest Du dann gut gelaunt.

Als Du ungefähr fünfzehn Jahre alt warst, wurde Carola Deine Freundin. Sie war ein bildhübsches Mädchen und etwa gleichaltrig. Du hast sie lange verehrt, ohne ihr Deine wahren Gefühle offen zu zeigen. Du hast oft still gelitten und warst eifersüchtig. Ich habe es wohl gemerkt, daß dies keine normale Mädchenfreundschaft war. Du hast mir einige Jahre später viel über Deine Beziehung zu Carola und deren Folgen erzählt. Deshalb erinnere ich mich auch so gut an diese Begebenheit.
Kurz bevor Du Dich entschlossen hast, ins Internat zu gehen, hast Du Carola endlich Deine Gefühle offenbart, die von ihr auch erwidert wurden.
Vier Wochen später – Du hattest Dich im Internat eingelebt, fühltest Dich wohl dort und hattest schnell viele nette Leute kennengelernt – schrieb Carola Dir, daß sie mit einem Jungen gehen würde. Darüber warst Du sehr traurig und hast zu weinen angefangen. Eine Deiner Zimmergenossinnen fragte Dich, was los sei. Doch Du hast ihr nichts gesagt. Offenbar war dieses Mädchen aber sehr neugierig, denn sie mußte den Brief danach unbemerkt gelesen haben. Eines Morgens kamst Du in den Waschraum, um Dich zu waschen. Du bist an ein Waschbecken gegangen und hast Dir die Zähne ge-

putzt. Zwei Mädchen, die nackt waren, zogen sofort ihre Bademäntel an und warteten so lange mit dem Waschen, bis Du fertig warst und den Raum verlassen hattest. Du hattest Dich wohl über das Verhalten Deiner Mitbewohnerinnen gewundert, aber erst ein paar Tage später erzählte Dir ein Mädchen, das halbe Internat spräche davon, daß Du lesbisch seist. Du hast Dich gewehrt und alles abgestritten. Du wolltest nicht, daß irgend jemand etwas von Deiner Veranlagung erfuhr, von der Du selbst noch nichts Genaues wußtest. Dieses Mädchen hat Dir dann sehr geholfen. Sie versuchte alles mögliche, um das Gerücht einzudämmen, aber es hielt sich hartnäckig bis zum Ende der Internatszeit, obwohl Du später auch mit Jungen eng befreundet warst. Die Erzieherinnen hatten wohl ebenfalls von dem Gerücht gehört. Nur so konnte ich mir ihre Anspielungen über Deine Veranlagung erklären. Ich sprach ihnen gegenüber von einer Identitätskrise, in der Du Dich während dieser Jahre der Pubertät befandest. Ich machte ihnen deutlich, daß ich Dir helfen würde, zu Dir selbst zu finden. Mein Auftreten muß die Erzieherinnen wohl beeindruckt haben, sie ließen Dich schließlich in Frieden. Andernfalls hättest Du vielleicht das Internat verlassen müssen.

Durch Deine Trauer über den Verlust der Freundschaft mit Carola wurde mir klar, daß Euer Verhältnis über eine normale Mädchenfreundschaft hinausging, und zum erstenmal machte ich mir Gedanken über diese Art von Liebe. Aber ich glaubte immer noch, daß es

sich nur um eine vorübergehende Phase handeln würde. Erst als ich mich an das Erlebnis mit der Lehrerin
erinnerte, begann ich ganz allmählich zu ahnen, daß Du
Frauen liebst.

ICH BRAUCH' DICH

Ich brauch' Dich,
wie die Blumen das Wasser.
Ich mag Dich,
wie der Bär den Honig.
Ich würde alles für Dich tun!

Ich erfreu' mich an Dir,
wie eine Mutter an ihrem Baby.
Ich liebe Dich,
wie Dich keine andere lieben würde.
Ich würde alles für Dich tun!

Ich möchte Dich berühren,
wie kleine sanfte Kinder etwas berühren.
Ich möchte Dich immer wieder neu entdecken,
wie ein kleines Kind alles entdeckt.
Ich würde alles für Dich tun!

Cathrin, 1981

Du lebtest seit etwa einem Jahr im Internat. Wie so oft am Wochenende brachtest Du Gäste mit nach Hause. Eine Deiner Freundinnen war Anna. Ich mochte sie von Anfang an nicht besonders gern. Warum, weiß ich nicht mehr. Es passiert mir selten, daß ich jemanden, den ich kaum kenne, so ablehne. Aber vielleicht war es mein Instinkt, der mir andeutete, daß hier etwas auf mich zukommen würde, das neu und schwierig für mich war. Ich verhielt mich distanziert. Im Internat wohntet Anna und Du im selben Haus. Ich glaube, sie war sehr einsam. Sie kam aus unglücklichen Familienverhältnissen, war jahrelang zwischen den geschiedenen Eltern hin- und hergependelt. Auch im Internat hielt sie es nur ein halbes Jahr aus.

Mit Anna hattest Du Dein erstes intimes Verhältnis. Es war Dein erstes sexuelles Erlebnis. Damals warst Du sechzehneinhalb Jahre alt. Anna war vorher nur mit Jungen zusammengewesen und hatte auch schon mit ihnen geschlafen. Erst zu einem viel späteren Zeitpunkt hast Du mir von dieser Beziehung erzählt. Für Euch beide waren es die ersten intimen Erfahrungen mit dem gleichen Geschlecht.

Als Anna das Internat verließ, zog sie wieder zu ihrer Mutter. Du besuchtest sie dort noch einmal, aber das Liebesverhältnis war beendet. Anna war wieder mit Jungen zusammen.

So manch einen hübschen jungen Mann brachtest Du auch mit nach Hause. Und ich wäre nicht ganz ehrlich, wenn ich nicht zugeben würde, daß mir der eine oder andere als Schwiegersohn sicherlich ganz gut gefallen hätte. Obwohl Du Dich hin und wieder richtig verliebt hast, ließ Dein Verhalten darauf schließen, daß es über Schmusen nicht hinausging. Du hast wohl mehr die kameradschaftliche Freundschaft gesucht.

Schon während der Realschulzeit hattest Du einige Freunde, mit denen Du gingst. Doch schon nach kurzer Zeit hast Du Dich meistens mit dem jeweiligen Jungen gelangweilt. Du machtest Schluß und hast Dir den nächsten Freund gesucht. Schlimm fand ich, daß Du den Jungen nie sagen wolltest, warum Du die Freundschaft beendet hast. Ganz Hartnäckige belagerten dann unser Haus, saßen im Garten und starrten auf Dein Zimmerfenster oder pflückten stundenlang Gänseblümchen und banden Kränze. Manch ein enttäuschter Jüngling weinte sich bei mir aus und suchte Trost. Wenn ich heute diese jungen Männer treffe, lachen wir herzlich über die Vergangenheit. Oft können sie überhaupt nicht verstehen, daß Du lesbisch lebst. Einige wären gern mit Dir befreundet.

Als Du ins Internat kamst, änderte sich Dein Verhältnis zu Jungen ein wenig. Nach einigen Wochen kamst Du mit einem Mitschüler zusammen, der jünger war als Du. So ein richtiger eingebildeter Internatsschüler aus reichem Elternhaus. Ich habe nie begriffen, was Dir an ihm gefiel. In den zehn Monaten Eurer Freundschaft war er oft bei uns zu Gast. So lange hattest Du es noch nie mit einem Jungen ausgehalten. Dann kam Anna und mit ihr das erste sexuelle Erlebnis.

Als dieses Verhältnis beendet war, verliebtest Du Dich wieder in einen Jungen. Patrick entsprach so ganz unseren Elternwünschen. Er war begabt, sportlich, spielte phantastisch Klavier, war groß, blond und gutaussehend. Du warst sehr verliebt und hast mich gebeten, Dir die Pille zu besorgen. Gebraucht hast Du sie nie. Zweimal warst Du in der Oberstufenzeit mit Patrick zusammen. Er hat immer gehofft, mit Dir auch intim sein zu dürfen. Während Eurer letzten Freundschaft hast Du ihm gesagt, was und wie weit Du für ihn empfindest, daß Deine Gefühle aber nicht ausreichen würden, um mit ihm intim sein zu können. Obwohl Du ihm von Deiner Vermutung, vielleicht lesbisch zu sein, erzähltest, wartete er geduldig darauf, daß Du Deine Meinung ändern würdest.

Dein Vater hoffte bei Deinen Freundschaften mit jungen Männern immer auf eine festere Bindung und war enttäuscht, wenn seine Vorstellungen nicht in Erfüllung gingen. Er bezog das auf Deine Ichbezogenheit und Deinen Egoismus. Erschrocken bemerkte ich, daß er ähnlich moralische Ansichten über Sexualität wie meine Eltern hatte. Da er nicht glauben konnte, daß Du keine Intimitäten mit den jungen Männern austauschtest, empfand er die immer wieder neuen Freundschaften als anstößig. Wir führten viele Diskussionen über seine festgelegten Moralvorstellungen.

Um Deinen achtzehnten Geburtstag herum kamst Du mit Inken zusammen. Sie war sehr viel jünger. Fast noch ein Kind, aber doch schon sehr reif. Sie war ein hübsches, sehr feminines junges Mädchen. Inken war gegen ihren Willen von ihren Eltern ins Internat gebracht worden. Die Familie lebte aus beruflichen Gründen schon viele Jahre im Ausland, wohin die Eltern auch wieder zurückkehrten. Inken fühlte sich verlassen. So entstand eine Beziehung zwischen Euch beiden, die zwei Jahre lang dauerte und sehr intensiv war. Du warst für dieses Mädchen alles: Mutter, Vater, Schwester, Freundin und Geliebte. Mit ihr demonstriertest Du Deine Gefühle zum erstenmal auch ganz deutlich zu Hause. Ich muß gestehen: Es war ein Schock für uns! Das erste Mal, als wir Euch miteinander schmusen sahen, werde ich nie vergessen. Zu der Zeit stand mitten im Wohnzimmer ein geblümtes Sofa. Darauf habt ihr beide gesessen und streicheltet und küßtet Euch. Wir waren empört über diese Zurschaustellung Eurer Gefühle und empfanden Euer Benehmen als Provokation. Selbst ich, die ich Deine sexuelle Neigung zumindest vermutete, war betroffen, als ich Dich plötzlich so sah. Judith, Deine kleine Schwester, fragte – auch später noch oft –: »Warum macht sie das mit Inken und nicht mit mir?« Während ich zwischen Verständnishaben und Wut schwankte, tobte Thomas. Er hatte überhaupt kein Verständnis für Dein Verhalten. Er empfand es als Affront: »Immer will sie sich wichtig machen!«, »Immer will sie etwas Besonderes sein« – das waren seine verzweifelten Aussprüche.

Bei Inken hast Du Deine Gefühle zum erstenmal offen als »homosexuell« bezeichnet. Es gab heftige Diskussionen zwischen uns. Ich verspürte Angst. Angst vor dem Unbekannten, das da auf mich zukam. Du warst volljährig, Inken dagegen erst fünfzehn. Ich befürchtete, Du könntest Schwierigkeiten wegen Verführung Minderjähriger bekommen oder eventuell das Internat verlassen müssen. Ich fragte mich auch, was die Patienten Deines Vaters dazu sagen, wie sie reagieren würden. *Mein* gesellschaftliches Umfeld war mir egal – über meine unkonventionelle und offene Lebensweise wurde sowieso häufig hinter meinem Rücken gelästert. Trotzdem dachte ich zu dieser Zeit oft über mögliche Reaktionen unserer Umgebung nach. Meine Sorgen über Deine Zukunft hatten meine Empörung allerdings längst abgelöst. Im Hinterkopf aber blieb ein kleines bißchen Hoffnung, es handle sich bei Deinen Gefühlen für Inken um eine vorübergehende Schwärmerei, um das Ausprobieren einer anderen Art von Sexualität. Du wolltest auch gar nicht viel über Deine Gefühle sprechen. So ganz klar waren sie Dir wohl doch nicht. So

ließ ich Dich in Ruhe und beschränkte mich aufs Beobachten. Als Inken zurück zu ihren Eltern ins Ausland
ging, hast Du sehr gelitten. Inzwischen lebt und studiert
Inken in Hamburg. Euch beide verbindet eine nette
Freundschaft, in die auch Inkens langjähriger Freund
einbezogen ist.

ich
bin froh
daß ich dich
getroffen habe und möchte
bei dir bleiben –
für immer
allein

Cathrin, 1985

Seit Deinem vierzehnten Lebensjahr fuhren wir regelmäßig in den Sommerferien nach Spanien. Einige Jahre später kauften wir dann in unserem Urlaubsort ein Haus. Von nun an verbrachten wir jede Ferien dort. Euer Vater kam während seines knapp bemessenen Urlaubs nachgeflogen. Ich verbrachte also viel Zeit mit Euch beiden, alle drei liebten wir das ungezwungene Leben in der Sonne. Das Meer lag direkt vor der Haustür. Wir genossen die langen Abende und die liebenswürdige, heitere Art der Spanier. Ihr hattet bald Eure Cliquen: ein buntes Völkchen verschiedener Nationalitäten, das vor allem im Sommer immer wieder aufeinandertraf. Auch Einheimische gehörten zu Eurem Freundeskreis.

Als besonders wichtig für Dich stellte sich bald Deine Freundschaft zu Juanjo heraus. Er ist ein paar Jahre älter als Du und lebte zu dem Zeitpunkt Eures Kennenlernens bisexuell. Eure Beziehung entwickelte sich nur langsam, zuerst waren es sogar nur Briefe von Spanien nach Deutschland und umgekehrt. Als wir dann aber unser Haus bezogen, begann sich Eure Freundschaft zu vertiefen. Juanjo ist ein sensibler und aufgeschlossener junger Mann. Seit einigen Jahren hat er einen Lebensgefährten und lebt ausschließlich homosexuell. Euer Verhältnis ist nie ein sexuelles gewesen, aber gerade die Erfahrung von Sexualität – mit dem jeweils eigenen Geschlecht – hat Euch in vielen offenen Gesprächen einander nahegebracht.

In Deinen letzten Schulferien begegnetest Du Carmen. Sie war drei Jahre älter als Du, sprach sehr gut Englisch und Deutsch und studierte Betriebswirtschaft. Ihr verliebtet Euch heftig ineinander und wart ein Jahr lang fast unzertrennlich. Carmen besuchte Dich auch in Deutschland. Nach dem Schulabschluß machtest Du in Hamburg eine Ausbildung zur Steuerfachgehilfin. Hier hast Du dann zusammen mit ihr die Szene entdeckt.

Ich glaube, es war kein Zufall, daß Dein »Bekenntnis« in jenem Sommer in Spanien stattfand. Du warst zwanzig, und mittlerweile war es Dir immer bewußter geworden, daß Du lesbisch leben wolltest. Ich selbst ahnte etwas, sprach von Identitätsschwierigkeiten und verdrängte wohl auch ein wenig – dabei beobachtete ich Dich, soweit es mir möglich war. Du lebtest ja im Internat. Aber an den Wochenenden und im Urlaub verbrachten wir viel Zeit miteinander. Wir sprachen auch über Homosexualität. Sehr viel wußte ich nicht darüber. Es hatte mich ja bis jetzt noch nie so nah berührt. Weil Du so schmerzempfindlich warst, kam uns Eltern sogar mal der Gedanke, Du hättest vielleicht Angst vor dem Geschlechtsverkehr. Und ich erinnere mich an meinen Rat, es doch wenigstens einmal zu probieren, bevor Du Dich auf Frauen festlegen würdest. Ich wußte nur, daß ich Dir helfen wollte. Du solltest die für Dich bestmögliche Lebensform finden. Ich wollte Dich glücklich und zufrieden sehen.

In dem Jahr, als Du Carmen kennenlerntest, war es dann soweit. Ich werde diesen Sommerabend in unserem spanischen Haus nie vergessen. Du hattest Dich für die Disco zurechtgemacht und kamst zu mir auf die Terrasse. Da standest du nun und sagtest: »Mama, ich weiß es ganz genau. Ich bin homosexuell. Da läßt sich nichts machen.« Dabei hast Du mir fest in die Augen gesehen. Und ich habe Dir geantwortet: »Wenn Du es so sicher weißt, dann ist es in Ordnung.« Erleichtert bist Du von dannen gezogen und hast Deine Mutter ziemlich verwirrt zurückgelassen.

Ich brauchte daraufhin erst einmal dringend ein Glas Wein und ließ meine Gedanken dann in die Vergangenheit schweifen. Wie in einem Kurzfilm in Zeitraffer sah ich Bilder aus Deiner Entwicklungsgeschichte. Natürlich forschte ich sofort in meiner Erinnerung nach möglichen Erziehungsfehlern, die ich vielleicht gemacht hatte. Nein, beruhigte ich mich, Du hattest Dich Deinen Veranlagungen entsprechend ganz normal entwickelt. Zugleich fühlte ich mich sehr erleichtert – endlich war Klarheit. Schon bald begann ich mich intensiv mit Homosexualität auseinanderzusetzen, anhand von Büchern, aber auch, indem ich mich viel mit Dir unterhielt und Deine Lebensweise kennenzulernen versuchte.

Am schwierigsten war es für mich, Deinen Vater zu informieren. Erschrocken war er zwar nicht, denn auch er wußte über Deine Entwicklung Bescheid. Er war überrascht über die Sicherheit, mit der Du Dein Lesbischsein festgestellt hast. Er selbst hatte da wohl immer noch Zweifel. Oder wollte er es nur nicht anerkennen? Lange Zeit wehrte er sich dagegen, Dich in Deinem Anderssein zu akzeptieren. Erst viel später, angeregt durch meine intensive Beschäftigung mit Deiner persönlichen Entwicklung und dem schwierigen Schicksal von Homosexuellen in Geschichte und Gegenwart, wurde ihm bewußt, daß Du nicht aus Neugierde oder Spaß lesbisch bist.

Seit einem Jahr lebtest Du in Hamburg. Du warst zweiundzwanzig Jahre alt, hattest Dich in der fremden Stadt gut eingelebt und hast die Szene für Dich entdeckt. Du lerntest Annette kennen und verliebtest Dich heftig in sie. Eure Beziehung baute sich nur langsam und zögernd auf. Annette war fünfzehn Jahre älter, vielseitig interessiert, sehr lebhaft und kreativ. Sie hat einen interessanten Beruf beim Fernsehen, und Du machtest durch sie die Bekanntschaft mit einigen bekannten Persönlichkeiten. Zum Zeitpunkt Eures Kennenlernens hatte Annette die Trennung von ihrer ebenfalls erheblich jüngeren Partnerin noch nicht überwunden und war sich nicht im klaren darüber, ob sie lesbisch leben wollte oder konnte. Sie hatte lange Zeit bisexuell gelebt. Sie ist Einzelkind, und ihre Eltern erfuhren erst nach und nach, daß ihre Tochter ihnen wohl keinen Schwiegersohn vorstellen würde. Annette tat sich schwer, ihr Leben als Lesbe zu akzeptieren, und somit war auch ihr Verhalten oft exzentrisch. Einerseits führte sie Dich in ihren Freundeskreis ein, der aus Homosexuellen und Heterosexuellen in ihrem Alter bestand, andererseits durftest Du Dich nicht bei ihr melden, geschweige denn blicken lassen, wenn ihre Eltern zu Besuch da waren. Du konntest diese Verhaltensweise bei einer so reifen Frau nicht verstehen. Warum konnte Annette nicht offen lesbisch leben? Du hast immer auf Besserung gehofft, denn Du liebtest Annette sehr. Ein wenig war sie wohl in dem fremden Hamburg auch eine Art »Mutterersatz« für Dich. Manchmal hast Du Dich ganz gern von ihr umsorgen lassen. Stülpte Annette Dir aber zu fest ihre eigene Lebensart über, dann wehrtest Du Dich vehement. Eure Beziehung war nicht einfach und auch für mich als Mutter nicht immer nachvollziehbar und zu verkraften. Beide suchtet ihr meinen Rat. Da war es oft schwierig, soweit wie möglich objektiv zu bleiben.

Mit Annette verbanden mich gemeinsame Interessen, und auch altersmäßig standen wir uns nahe. Ich konnte ihre Verhaltensweise oft besser verstehen als Deine. Es waren anstrengende zweieinhalb Jahre – denn so lange hielt Eure Verbindung. Sie war gekennzeichnet durch große Gegensätze, viel Auseinandersetzung und immer wieder Versöhnung.

Annette war die erste und bis jetzt einzige Freundin, die Du offiziell als Deine Partnerin der Verwandtschaft und unserem Bekanntenkreis vorgestellt hast. Wir verlebten fröhliche Feste und schöne Ferien miteinander.

Du fühltest Dich dann aber zunehmend nicht mehr wohl in dieser Beziehung. Du lebtest erst seit kurzem eigenständig. Du hattest eine eigene Wohnung, mußtest Dich beruflich mit Neuem befassen, lebtest Dein Homosexuellsein weitestgehend offen und warst dabei, Dich zu einer selbstbewußten Frau zu entwickeln. Das Verhältnis mit Annette wurde Dir zu eng. Als Du Dich dann in eine andere Frau verliebtest, zerbrach Deine Beziehung zu Annette endgültig.

DER WEG DER LIEBE

Ich ging alleine meinen Weg,
aber ich hielt immer Ausschau nach Dir.
Als ich Dich traf,
freute ich mich sehr.
Du mochtest mich,
doch bei mir war es mehr.
Bis Du unseren Weg wieder verließt,
war ich sehr glücklich mit Dir.
Es ist schade,
daß Du meinen Weg nur gekreuzt hast.
Nun gehe ich meinen Weg
allein –
in der Hoffnung,
Deinen nochmals zu kreuzen.

Cathrin, 1988

Eine der schwierigsten Phasen, die wir miteinander verlebt haben, war wohl, als Du mit Isabella zusammenkamst. Du lerntest die etwa sechs Jahre ältere Krankenschwester italienischer Herkunft bei einer Geburtstagsfeier kennen. Beide verliebtet ihr Euch sofort heftig ineinander. Du holtest Deine letzten Sachen aus Annettes Wohnung, denn ein doppeltes Spiel wolltest Du nicht spielen.

Isabella rief Dich mehrmals am Tag im Büro an und verbrachte viele Nächte bei Dir. Du warst im siebten Himmel: ausgeglichen, produktiv im Beruf und euphorisch. Du erlebtest mit dieser Frau eine ganz neue Variante von Sexualität: zärtlich, einfühlsam und leidenschaftlich.

Mütter haben es wohl manchmal so an sich, skeptisch zu sein. Bei Isabella jedenfalls war ich da keine Ausnahme. Ich war einerseits traurig über die Trennung von Annette. Andererseits machte mich die Art der Zusammentreffen mit Deiner neuen Freundin mißtrauisch. Ich wollte diese Frau auch gar nicht kennenlernen, hatte kein Bedürfnis, sie zu sehen. Vielleicht war es Eifersucht? So verliebt hatte ich Dich noch nie gesehen, Du warst richtig süchtig nach Isabella.

Ich sollte mit meinen Vorahnungen recht behalten. Du warst etwa sechs Wochen mit Isabella befreundet. Ich arbeitete im Garten. Plötzlich mußte ich ganz intensiv an Dich denken. Ein merkwürdiges Gefühl in der Magengegend befiel mich: »Es geht ihr bestimmt nicht gut.« Sofort lief ich zum Telefon und rief Dich an. Ein heulendes Häufchen Elend schluchzte durch den Apparat. Was war geschehen? Du hattest einige Tage zuvor erfahren, daß Deine neue Freundin seit langer Zeit mit einem Mann zusammenlebte. Seit diesem Geständnis versprach Isabella Dir, sich von ihrem Partner zu trennen. Doch sie konnte und konnte sich nicht entscheiden: Sie wollte ihr Leben einerseits mit dem Mann und andererseits mit Dir als Geliebte weiterführen. Du warst völlig deprimiert, weintest und schwanktest zwischen Hoffnung und Resignation. Du verlangtest eine endgültige Entscheidung. Isabella, die in der einen Minute »Ich entscheide mich für Dich« und in der anderen »Ich kann nicht; ich bleibe bei meinem Freund« sagte, konnte sich wochenlang nicht zu einem Entschluß durchringen.

Ich hätte dieser Frau am liebsten die Meinung gesagt. Mein Kind so zu quälen! Um Dir zu helfen, versuchte ich, Dir Isabellas Situation zu erklären: Diese Frau ist Italienerin, streng katholisch erzogen. In ihrem Kulturkreis erwartet man von einer Frau, eine Familie zu gründen und Kinder zu haben. Außerdem ist sie in einem sozialen Beruf tätig und hat Angst vor der Diskriminierung als Lesbe.

Es waren schreckliche Wochen. Auch für mich war es schmerzlich, Dich so leiden zu sehen. Nach zehn Wochen endlich war der Spuk vorbei, Du hast die Beziehung beendet und Isabella jeglichen weiteren Kontakt untersagt. Du wolltest von ihr nichts mehr hören und nichts mehr sehen. Der Schock saß tief.

Und ich war froh, wieder eine klar denkende Tochter zu haben.

Allerdings war dies nicht das einzige Mal, daß ich geglaubt hatte, an Deiner Vernunft zweifeln zu müssen. Wie jede Mutter ihr verliebtes Kind, verstand auch ich Dich manchmal nicht, wenn eine neue Liebe auftauchte. So auch bei Rebecca.

Du hattest sie und ihre Lebensgefährtin Amy ein Jahr zuvor kennengelernt. Nun kamen sie aus Chicago angeflogen, um Dich an Silvester in Hamburg zu besuchen. Auf Deiner Party lernte ich also zwei perfekt gestylte Busineßfrauen um die Dreißig kennen, die beide in der Möbelbranche tätig waren. Besonders hattest Du Dich auf Rebeccas Kommen gefreut. Sie war ursprünglich aus Kuba und hatte viel von der Glut und Rasse, die südländischen Frauen oft nachgesagt werden. Dir gefiel sie wohl sehr, aber auch sie verliebte sich in Dich. Die meiste Zeit ihres Deutschlandbesuchs verbrachte sie mit Dir. Vier Wochen später machtest Du Urlaub im eiskalten Chicago, und bei Deiner Abreise spracht ihr schon von einer gemeinsamen Zukunft.

Ganz ausreden wollte ich Dir Deine verrückten Pläne, in die USA zu ziehen, nicht. Ich sah berufliche Chancen für Dich und hoffte, daß Du ähnlich positive Erfahrungen mit Land und Leuten machen würdest wie Deine Schwester während ihres High-School-Jahrs bei einer amerikanischen Familie. Wir wollten Dich auch gern in allem unterstützen.

Auf unseren Rat hin, sich zunächst Gewißheit zu verschaffen, flogst Du noch einmal nach Amerika. Dieses Mal habt Ihr Euch in Miami getroffen.

Wie Isabella zuvor konnte auch Rebecca sich nicht entscheiden. Sie wollte am liebsten weiter ein leidenschaftliches Verhältnis zu Dir und gleichzeitig die feste Beziehung zu Amy. Dazu warst Du nicht bereit und hast diese Freundschaft unverzüglich beendet. Traurig und enttäuscht kamst Du nach Hause zurück.

Vielleicht kannst Du Dir vorstellen, wie schlimm es manchmal für eine Mutter ist, wenn sie ihr Kind leiden sieht – wenn sie mitbekommt, daß andere Menschen es verletzen und sie es nicht (mehr) beschützen kann.

Ich selbst habe die Erfahrungen, die Du mit Isabella, Rebecca und anderen gemacht hast, nicht erlebt. Mit *meiner* großen Liebe – Deinem Vater – habe ich Höhen und Tiefen des Lebens gemeinsam durchstanden, und wir sind immer noch zusammen und glücklich.

Ich wünsche Dir, daß es Dir eines Tages genauso geht.

Erfahrungen mit Homosexualität

Das Coming-out

Obwohl Cathrins Coming-out letztendlich keine Überraschung mehr für mich darstellte, habe ich mich später noch einmal intensiv mit der Bedeutung dieses Prozesses auseinandergesetzt.

In der Homosexuellenbewegung heißt Coming-out »herauskommen; sich zeigen; der sein, der man im Innersten ist« – kurz: Phase der Selbstentdeckung.

Es ist also zunächst der Prozeß, in dem sich die Betroffenen mit der eigenen Persönlichkeit auseinandersetzen, eigene Stärken und Schwächen, Ängste und Zweifel erkennen und bewältigen lernen. Sie erfahren, wie sie mit gleichgeschlechtlichen Gefühlen umgehen, die eigene Homosexualität akzeptieren und sie als etwas Positives ansehen können.

Darauf folgt das »Sich-nach-außen-Zeigen«, währenddessen sich Homosexuelle offen als solche einer feindlich eingestellten Umwelt gegenüber, die ihr Anderssein als unnatürlich empfindet, zu erkennen geben.

Die erste Stufe des Coming-out ist wohl die schwierigste und schmerzhafteste Phase. Es werden Gefühle und

Eigenschaften wahrgenommen, die mit dem gängigen *idealen* Selbstbild nicht übereinstimmen. Das Entdecken des Andersseins, die Ablehnung durch die Umwelt, der innere Widerstand gegen das Abweichen von der Norm und schließlich die Erkenntnis, sich von der Homosexualität nicht befreien zu können, bereiten besonders jüngeren Homosexuellen große Ängste. Viele Jugendliche fürchten vor allem die Ablehnung durch ihre Eltern, Geschwister, Freunde und Verwandte.

Zum Coming-out gehört auch der Prozeß, trotz täglich erlebter negativer Erfahrungen durch die Umwelt zu den eigenen homosexuellen Empfindungen zu stehen, sie zu respektieren und sie in die Persönlichkeit zu integrieren. Nur so ist es möglich, ein gesundes, freies und den inneren Bedürfnissen entsprechendes Leben zu führen, das auch in der Beziehung zu anderen Menschen mit Zufriedenheit gelebt werden kann.

Das Coming-out des einzelnen dauert unterschiedlich lang. Viele Homosexuelle brauchen mehrere Jahre, um ihr Sosein zu akzeptieren, andere schaffen es nie. Einige erkennen es erst, wenn sie in heterosexuellen Verbindungen unglücklich gelebt haben oder leben. Besonders Frauen bekennen sich oft erst nach vielen Jahren Ehe dazu, lesbisch zu sein. Aber auch viele Männer begreifen erst während der Ehe ihr Anderssein. Wenn die Belastung zu stark wird, vertrauen sie sich ihren Partnerinnen oder Partnern an.

Es gibt aber auch Menschen, die relativ früh homosexuell leben können. In der Kindheit jedoch machen viele ähnliche Erfahrungen: Eindeutig lesbische oder schwule Bedürfnisse können sie nicht erkennen. Zwar verhalten sie sich häufig nicht so, wie es in der Gesellschaft von Mädchen und Jungen erwartet wird, aber das passiert auch Kindern, die später heterosexuell leben.

Zwischen dem zehnten und vierzehnten Lebensjahr etwa wird ein Gefühl des Andersseins entdeckt, zum Beispiel in Form von Phantasien, Träumen, Schwärmereien und Gedanken. Diese Gefühle können bis zur sozialen Entfremdung führen, dann an wen kann sich ein Kind wenden, der ihm hilft, seine homosexuellen Gefühle akzeptieren zu lernen, während diese zugleich von der Mehrheit der Gesellschaft verachtet und verspottet werden? Ein homosexuell lebender Mensch wird in der Regel bis in die heutige Zeit hinein als krank, neurotisch gestört, minderwertig, kriminell und verdorben angesehen. Das homosexuell veranlagte Kind erfährt, wie groß die Angst der Mitmenschen vor dem anderen, vor dem »Nicht-der-Norm- Entsprechenden« ist. Häufig zieht es sich dann zurück in Hobbys, entwickelt übertriebenen Ehrgeiz in der Schule oder flüchtet sich in die Isolation, die zu Einsamkeit, Selbsthaß und auch zu Selbstzerstörung führen kann. Die Menschen im Umfeld eines homosexuellen Kindes oder Jugendlichen verhalten sich blind und taub und bieten – oft aus Unkenntnis – kaum Hilfen zur Sozialisation.

Das Gefühl des Andersseins wird ab etwa dem siebzehnten Lebensjahr deutlicher, weil die Jugendlichen im

Laufe der Pubertät mehr und mehr fühlen, daß sie sexuell anders empfinden. Sie bemerken, daß sie weniger am anderen Geschlecht interessiert sind, als es erwartet wird. Sie begreifen, was es heißt, nicht heterosexuell zu sein, sich von sozialen Erwartungen und Geschlechtsrollen lösen zu müssen. Dies ist die Zeit, in der oft die ersten größeren persönlichen Krisen anstehen. Die homosexuelle Orientierung wird verheimlicht oder verleugnet. Es werden heterosexuelle Beziehungen eingegangen, um äußere Konfrontationen zu vermeiden.

Die allmähliche Loslösung von der Familie folgt mit dem Eintreten in das Erwachsenenleben. In dieser Phase der Identitätsfindung – etwa zwischen dem achtzehnten und zweiundzwanzigsten Lebensjahr – werden die sexuellen Gefühle definiert. Die Frage: »Wer bin ich, was will ich, und wie will ich leben?« ist von großer Bedeutung. Angst vor der Zukunft ist eine häufige Reaktion auf die Einsicht, lesbisch oder schwul zu sein. Viele Homosexuelle suchen in der Phase des Coming-out den Ausweg im Selbstmord, wobei auch eindeutig inszenierte Suizidversuche einen dringenden Hilfeschrei darstellen.

Den Gesprächen mit Lesben und Schwulen habe ich entnommen, daß sich ein Comming-out schwieriger gestaltet, wenn der Ort, in dem ein homosexuell veranlagter Mensch lebt, klein ist. In jeder Großstadt gibt es Homosexuellengruppen, Kommunikations- und Beratungsstellen, an die sich Lesben und Schwule verschiedenen Alters wenden können. Das Coming-out in und mit der Gruppe fällt oftmals leichter als allein. In Kleinstädten und Dörfern braucht der Homosexuelle schon viel Selbstwertgefühl, um sich zu seiner Veranlagung bekennen und danach leben zu können. Es kommt ganz auf seine Persönlichkeit und die Selbstverständlichkeit an, mit der er sein Leben lebt, um von der heterosexuellen Mehrheit als ebenso selbstverständlich angenommen zu werden. Wichtig ist dabei die Unterstützung durch die Eltern.

Eltern und Kinder,
hier und anderswo

In wenigen Familien wird über Sexualität offen gesprochen. So ist es nicht verwunderlich, daß die meisten Eltern bei der Eröffnung ihres Kindes »Ich bin homosexuell« hilflos und oft aggressiv reagieren. Sie fühlen sich überfordert und können nicht nachvollziehen, wie sehr ein homosexuell veranlagter Mensch im Prozeß der Identitätsfindung leiden muß, bis er sich einem Menschen oder gar seinen Eltern offenbart.

Das homosexuelle Kind wächst in einer heterosexuellen Welt auf: Die Eltern und Großeltern sind heterosexuell. Die Figuren in seinen Lieblingsmärchen sind heterosexuell. Die Liebespaare im Fernsehen und im Kino sind heterosexuell.

Homosexuelle fühlen manchmal schon als Kinder, daß es einen Unterschied zwischen dem Erleben der Eltern und Geschwister und dem eigenen Erleben gibt. Sie sind mit ihren Gefühlen allein, wenn sie merken, daß ein großer Teil ihrer Empfindungen nicht von den Familienmitgliedern oder auch von Freunden geteilt wird. Kommen dann abfällige Bemerkungen und Witze über Lesben und Schwule hinzu, verdichtet sich das Gefühl »Ich bin falsch«.

Das Kind versucht nach außen hin, seine wahren Gefühle zu verdrängen und flüchtet in eine Phantasiewelt. Da viele Homosexuelle von Kindheit an mitbekommen, was ihre Familie über Homosexualität denkt, wagen sie nicht, über ihre Empfindungen zu sprechen. Manche Eltern wundern sich, daß kaum eine Kommunikation vorhanden ist.

Beim Coming-out des Kindes fragen sich viele Mütter und Väter: »Was haben wir falsch gemacht?« Andere reagieren mit Abscheu und Abwendung: »Daß du uns das antun kannst!« Hoffnungen und Pläne werden in Frage gestellt, wenn Eltern unvorbereitet mit der Situation, eine lesbische Tochter oder einen schwulen Sohn zu haben, konfrontiert werden. Meistens wissen sie wenig über Homosexualität, und dann auch überwiegend Negatives. Da viele Menschen in ihren Gedanken Sexualität allein auf den Koitus zwischen Mann und Frau reduzieren, denken betroffene Eltern natürlich auch im Fall von Homosexualität erst einmal nur an Sex zwischen zwei Frauen oder zwei Männern. Diese Vorstellung stößt bei vielen Eltern auf Unverständnis. Daß zur Homosexualität mehr gehört, ist den meisten unbekannt. So paaren sich Angst und Sorgen mit Schuldgefühlen und Abwehr.

In der Regel wirkt die Nachricht auf die Eltern wie ein Schock. Spontane, gefühlsmäßige Reaktionen führen bis zum Ausschluß des homosexuellen Kindes aus dem Familienverband. Verzweifelt suchen diese Mütter und Väter nach Schuldigen für die Veranlagung ihres Kindes. Aus Angst vor einer eventuellen Diskriminierung durch das soziale Umfeld darf niemand etwas von dem Anderssein von Sohn oder Tochter erfahren: »Was werden die Nachbarn und Freunde sagen? Wie wird die Verwandtschaft reagieren? Wieviel Offenheit erträgt die Umgebung? Wo muß ich mit Schwierigkeiten rechnen?« Diese Mütter und Väter fürchten sich häufig davor, Anfeindungen ausgesetzt zu werden, und verheimlichen deshalb die Homosexualität ihres Kindes. Die Folge sind Lügengeschichten, das Verleugnen des Kindes oder ein schneller Themenwechsel, wenn über Söhne und Töchter gesprochen wird. Die Eltern begreifen oft nicht, wie unglücklich das Leben eines homosexuellen Menschen sein kann, der ständig seine Bedürfnisse unterdrücken muß. Aus dieser Unkenntnis heraus, verbunden mit den zahlreichen von Kirche, Medizin und Gesellschaft geschürten Vorurteilen, sind für mich auch nur die zahlreichen negativen Reaktionen zu verstehen.

Ganz entscheidend sind letztlich auch die eigene Erziehung und der soziale Hintergrund der Eltern. Denjenigen, die die Fähigkeit haben, angelernte Verhaltensweisen und Normen in Frage zu stellen und verändern zu können, fällt es sicherlich nicht ganz so schwer, ein homosexuelles Kind zu akzeptieren. Aber Eltern, die entsprechend den Erwartungen der bestehenden Wertvorstellungen leben und somit auch dem enormen gesellschaftlichen Druck ausgesetzt sind, fühlen sich oft überfordert, zumal gleichzeitig ein hohes Maß an Verständnis und Toleranz von ihnen verlangt wird.

Wenige Väter und Mütter sehen in der Entdeckung des Lesbisch- oder Schwulseins ihres Kindes eine normale und nicht zu verändernde Entwicklung. Diese Eltern, so glaube ich, *begleiten* die Entwicklung ihres Kindes und merken schon frühzeitig, daß ihr Kind sich anders verhält als etwa das Geschwister- oder Nachbarskind. Auch wenn ein Kind somit spürt, daß es von der Familie verstanden und von ihr aufgefangen wird, bereitet ihm die Identitätsfindung Schwierigkeiten. Hilfreich aber ist es in jedem Fall zu wissen, daß man nicht allein gelassen wird mit seinen Ängsten und daß man Unterstützung beim Coming-out und bei der Konfrontation mit der Umwelt findet.

Überwiegend sind es die Mütter, denen sich die Kinder anvertrauen. Fast alle Homosexuellen haben eine starke Bindung zu ihrer Mutter. Somit ist sie häufig die erste Person, die informiert wird, es sei denn, die Angst, sie zu verletzen und vielleicht ihre Liebe zu verlieren, ist stärker. In so einem Fall kann es dann passieren, daß die Mutter die letzte ist, die über die wahre Identität ihres Kindes etwas erfährt. Mütter zeigen im Gegensatz zu vielen Vätern oft die größere Bereitschaft, manchmal nach langen Auseinandersetzungen und intensiver Trauerarbeit, ihr Kind in seinem Homosexuellsein anzunehmen und lieben zu lernen. Hilflosigkeit, Enttäuschung, Wut und Schuldgefühle werden nach einiger Zeit abgelöst von Angst und Zukunftssorgen um das Kind. Väter verdrängen in vielen Fällen meisterhaft ihr Wissen um die homosexuelle Veranlagung ihrer Kinder oder wissen gar nicht erst davon.

Auch Thomas und ich haben nach Cathrins Coming-out Schwierigkeiten gehabt – in der Beziehung zu ihr, in der Familie und im gesellschaftlichen Umfeld. Thomas konnte lange nicht offen über die lesbische Lebensweise seiner Tochter sprechen. Stark in konventionelle, katholisch-moralische Normvorstellungen eingebunden, fürchtete er gesellschaftliche Diskriminierung mehr als ich. Mir war und ist meine Tochter am nächsten und am wichtigsten. Um Cathrin zu schützen, habe ich abwägen müssen, wieviel Offenheit die Umgebung ertragen kann. Das erfordert nach wie vor Fingerspitzengefühl. Ich habe aber nie Lügen oder ausweichende Antworten benutzt, sondern habe immer, wenn es die Situation ergab, offen reagiert. Ich bin davon überzeugt, daß homosexuelle Kinder mehr Lebensfreude und -kraft entwickeln, wenn sie von ihren Eltern in ihrem Sosein akzeptiert werden und uneingeschränkte Liebe erfahren. Sie entwickeln Selbstwertgefühl und Selbstverständnis, die sie – genau wie alle anderen Menschen – unbedingt brauchen für die Auseinandersetzungen im täglichen Leben.

Manchmal jedoch mache ich mir Sorgen um Cathrin, um ihr Leben und ihre Zukunft. Plötzlich spüre ich eine innere Unruhe, und Fragen tauchen auf, die ich mir

sonst so wohl nicht stellen würde. »Liegt es doch an mir, daß Cathrin so geworden ist? Kann sie jemals ein wirklich zufriedenes Leben führen? Wie wird sie es verkraften, wenn sie diskriminierende Erfahrungen machen muß? Kann sie ihre Homosexualität überhaupt voll ausleben? Sind ihr nicht doch Grenzen gesetzt?«
Und mich ergreift Angst um ihre Sicherheit. Immer wieder wird von massiven körperlichen Angriffen auf Homosexuelle berichtet. Was geschieht, wenn ein Mann es nicht ertragen kann, abgewiesen zu werden von einer Frau, die ihm höflich, aber bestimmt sagt, daß sie nur Frauen liebt?

In meinen Gesprächen mit Homosexuellen wurde deutlich, daß viele junge Erwachsene ihr Elternhaus verlassen, gleichgültig, ob ihre Familien Bescheid wissen oder nicht und in welcher Form sie reagiert haben. Großstadtkinder ziehen zu Hause aus, um in der eigenen Wohnung ein Leben nach ihren Wünschen und Vorstellungen führen zu können, ohne Rücksicht auf die Gefühle der heterosexuellen Umwelt nehmen zu müssen. Die meisten jungen Frauen und Männer aus ländlichen Gegenden ziehen zunächst in eine Großstadt, um in der Anonymität Sicherheit und Ruhe zu finden.
Meine Tochter Cathrin schrieb mir einmal, daß sie erst seitdem sie in Hamburg lebe frei über ihre Homosexualität sprechen könne. Auch mit mir. Aber gerade die räumliche Distanz zwischen uns hat wohl eine größere Intimität ermöglicht: ». . . Ich erzähle Dir von meinen

Problemen, die ich hier in Hamburg habe, und natürlich auch von den erfreulichen Dingen, die ich erlebe. Ich habe einigen Freundinnen erzählt, wie gut wir uns verstehen, wie Du mit meiner ›Veranlagung‹ umgehst und wie Du reagierst, wenn Bekannte oder Verwandte Dich auf mein Sexualleben ansprechen. Eigentlich verstehen sich meine Freundinnen fast alle gut mit ihren Müttern, aber kaum eine hat ein so gutes und vor allem offenes Verhältnis, wenn es um die Sexualität geht. Als ich Dir zum erstenmal von meiner homosexuellen Veranlagung erzählte, warst Du zunächst nicht gerade begeistert. Ich hatte aber immer das Gefühl, von Dir geliebt zu werden, so wie ich bin, und ich habe nie Angst gehabt, von Dir im Stich gelassen zu werden. Wenn Du früher gefragt wurdest, ob ich einen Freund habe, war Deine Antwort nur: ›Damit hat Cathrin nichts im Sinn.‹ Und wenn die Leute mit dieser Antwort nicht zufrieden waren und nachfragten, sagtest Du einfach nur: ›Sie interessiert sich mehr für Frauen.‹ Heute sprichst Du über meine Homosexualität noch direkter und selbstverständlicher. Es ist ein merkwürdiges Gefühl für mich, wenn Du mir von Deinen Antworten erzählst. Aber dann finde ich es gut und bin stolz, daß Du mich so, wie ich bin, akzeptierst.«

Mit anderen Eltern homosexueller Kinder hatte ich erfreuliche und weniger erfreuliche Begegnungen. Die folgenden Geschichten sind eine Auswahl meiner subjektiven Erlebnisse.

Es war ein Jahr nach Cathrins Coming-out, als eine Patientin meines Mannes mir folgendes Ereignis erzählte: Der zwanzigjährige Sohn hat ursprünglich eine berufliche Karriere bei der Bundeswehr angestrebt. Er ist jedoch homosexuell und erkennt, daß für ihn dieser Weg nicht offen ist. Durch seine Entscheidung, die Bundeswehr zu verlassen, erfährt jetzt auch die Familie von seiner Homosexualität. Die Eltern besitzen einen großen Bauernhof in einem kleinen Dorf. Sie reagieren auf die Aussage ihres Sohnes mit einer Mischung aus Wut, Hilflosigkeit, Angst und Empörung. Als der junge Mann ihnen dann seinen Freund, einen Asiaten, vorstellt, wirft der Vater seinen Sohn hinaus. Er verbietet ihm, das Haus und den Hof je wieder zu betreten, und bricht den Kontakt völlig ab. Auch die älteren und jüngeren Geschwister wollen nichts mehr mit ihrem Bruder zu tun haben.

Die Mutter aber ist verzweifelt. Sie liebt ihren Sohn und versucht, ihn zu verstehen. Doch sie fühlt sich überfordert und unter großem gesellschaftlichen Druck stehend. Homosexualität ist in ihrem Umfeld ein Tabuthema. In ihrer familiären und dörflichen Gemeinschaft fand bisher keine Auseinandersetzung damit statt. Über Homosexualität weiß sie nur, daß sie als unnormal, abartig, entartet, anstößig, pervers und krank dargestellt wird. Die Familie genießt Ansehen und ist fest etabliert in der dörflichen Gemeinschaft. Sie wagt nicht, über ihren Sohn zu sprechen. Ihr Mann hat es ihr verboten, unter Androhung von Sanktionen. So wird die Existenz dieses Sohnes totgeschwiegen, und es bleibt nur die Hoffnung, daß es der Mutter eines Tages gelingt, sich über das Verbot hinwegzusetzen.

In einer benachbarten Kleinstadt traf ich vor wenigen Monaten Frau Müller. Schon lange hatte ich mir vorgenommen, sie einmal ganz ungezwungen in ein Gespräch zu verwickeln. Ich hatte gehört, daß ihre Tochter seit einigen Jahren offen mit einer Freundin lesbisch lebt und daß diese Tatsache von der Familie total ignoriert wird. Ich versprach mir von einem Gespräch mehr Einblick in die Motivation und Hintergründe dieses Verhaltens.

Wir standen vor einem Kaufhaus und redeten belanglos über das Wetter und gemeinsam besuchte Feste. Unauffällig brachte ich das Gespräch dann auf unsere Kinder und vor allem auf unsere ältesten Töchter. Cathrin und Karina sind gleichaltrig, gingen eine Zeitlang in dieselbe Schule und waren als Jugendliche in derselben Volleyballmannschaft. Später verloren sie sich aus den Augen und haben auch heute keinen Kontakt mehr.

Ich hatte erfahren, daß Karina mittlerweile Fotografin ist und mit ihrer Freundin in einem kleinen Dorf lebt, wo sie mit finanzieller Unterstützung von Karinas Eltern vor einigen Jahren gemeinsam ein Haus gebaut hatten. Um die Homosexualität unserer Töchter anzusprechen, erzählte ich von Cathrins Leben in Hamburg, von ihrer Freundschaft mit Rebecca und der Aufregung um einen eventuellen Umzug nach Amerika. Frau Müller aber biß nicht an. Im Gegenteil, sie verstand es meisterhaft, die Lebensform ihrer Tochter zu verdrängen. »Nein, nein, um Gottes willen, lesbisch ist Karina nicht. Sie wohnt wohl mit einer Freundin zusammen. Sie haben sich ja zusammen ein Haus gebaut – da haben wir auch Geld dazugegeben. Aber die beiden Frauen wohnen getrennt in dem Haus. Das ist bloß so eine lose Freundschaft.« Und ganz verzweifelt fügt sie hinzu: »Ach, wenn doch bloß bald mal ein Mann kommen würde, der sie so richtig überzeugt. Ich wünschte, da käme bald mal der Richtige, dann wäre ich auch wieder ruhiger.«

Warum quält sich diese Mutter so sehr? Ich versuchte, ihr das Lesbischsein als eine natürliche Variante sexuellen Lebens nahezubringen, aber sie ging auf meine Argumente gar nicht ein und sprach lieber von ihrem

Sohn, seiner Familie und dem kleinen Enkelkind. Ihre Augen glänzten, und ich gab meinen Versuch auf.

Hin und wieder brauche ich Hilfe, um meinen großen Garten in Ordnung zu halten. Einer meiner Gehilfen arbeitet in einer Gärtnerei und ist Vater von fünf Söhnen, von denen der zweitälteste homosexuell ist. Da die Familie Ludwig in unserer Nachbarschaft wohnt, habe ich gelegentlich Kontakt zu Frau Ludwig. Eines Tages sprachen wir über unsere Kinder, ihre Erziehung und Entwicklung. Frau Ludwig wußte von meiner Beschäftigung mit dem Thema Homosexualität und Cathrins Leben. So erzählte sie mir in diesem Gespräch auch ganz ungezwungen von ihrem schwulen Sohn Ulrich. Sie hatte von der Homosexualität ihres Sohnes durch den Anruf eines – offenbar älteren – Mannes erfahren, der Ulrich Grüße ausrichten ließ. Auch liebe er ihn noch immer.

Zum Glück war Frau Ludwig zu dieser Zeit nicht mehr ganz so ahnungslos. Briefe von männlichen Absendern, die mit Herzchen verziert waren, und ständige Telefonanrufe von Männern hatten sie schon stutzig gemacht. Jetzt hatte sie die Bestätigung ihrer Vermutungen. Als sie ihrem Sohn die Grüße überbrachte, fragte sie ihn auch ganz direkt: »Ulrich, bist du schwul?« Er antwortete ausweichend: »Ich weiß es nicht so genau. Ich habe ja auch mit Mädchen intime Beziehungen, aber mit einem Mann macht es einfach mehr Spaß.« Mehr wollte er ihr nicht sagen. Seine Mutter quälte ihn auch nicht weiter mit Fragen, obwohl sie zu gerne mehr über die Gefühle ihres Sohnes gewußt hätte.

Sie machte sich natürlich viele Gedanken: Hatte sie als Mutter versagt? War sie vielleicht schuld an dem Anderssein ihres Sohnes, weil sie sich während der Schwangerschaft so sehr ein Mädchen gewünscht hatte?

Ulrich hatte von Kleinkind an ein ganz anderes Verhalten als seine Brüder gezeigt. Er war immer sauber und ordentlich gewesen, ein absolut braves und ruhiges Kind. Frau Ludwig hatte ihre Kinder praktisch allein erzogen, da ihr Mann wenig Zeit hatte und sich kaum um die Kinder kümmerte. So blieb sie auch jetzt allein mit ihren Gedanken und verscheuchte ihre Sorgen erst einmal mit dem Ausspruch: »Ach, das gibt sich wieder. Vielleicht ist er in einer Ausprobierphase.«

Als Ulrich dann mit zwanzig Jahren zur Bundeswehr sollte, geriet er in Panik und gestand seiner Mutter: »Ich möchte nicht zum Bund. Ich habe Angst, ich bin schwul!« Frau Ludwig war über dieses Geständnis erleichtert, denn nun wußte sie endlich genau, was mit ihrem Sohn los war und woran sie sich halten konnte. Sie erfuhr auch, daß Ulrich sich sein Homosexuellsein nur schwer eingestanden hatte. Als sie ihren Mann informierte, reagierte der sehr heftig und bestimmte rigoros: »So *was* gibt es nicht in meinem Haus.« Frau Ludwig aber konnte ihn schließlich davon überzeugen, daß Ulrich genau wie alle anderen Menschen ein Recht auf sein Glück hätte, ob er nun schwul wäre oder nicht.

»Außerdem wird er von zu Hause wegbleiben, wenn er seine Freunde nicht mitbringen darf. Er ist aber doch unser Sohn!«

Herr Ludwig konnte den Argumenten seiner Frau nicht widersprechen, obgleich es ihm anfangs öfter schwerfiel, Ulrichs Freunde zu akzeptieren.

Heute lebt Ulrich in einer festen Beziehung. Die Verwandtschaft und alle Bekannten wissen Bescheid. Frau Ludwig und ihre Familie sprechen offen über die homosexuelle Veranlagung ihres Sohnes und Bruders. Für sie sind Ulrich und sein Lebenspartner nichts Außergewöhnliches. Die beiden nehmen an allen Familienfesten ganz selbstverständlich als Paar teil.

In einer süddeutschen Großstadt lebt das Ehepaar Schulze. Wir lernten Gerda und Horst während Thomas' Studienzeit kennen. Sie haben zwei Söhne und eine Tochter. Zwischendurch hatten wir nur noch lockeren Kontakt; aber durch die Entdeckung, daß der jüngste Sohn homosexuell lebt, ist die Verbindung wieder enger geworden.

Die beiden erfuhren durch Zufall von der Homosexualität ihres Sohnes Bernd. Er war zwanzig Jahre alt, lebte damals noch bei den Eltern und war mehrere Tage und Nächte nicht nach Hause gekommen und auch nirgendwo zu erreichen. Die Eltern machten sich große Sorgen und suchten in seinem Zimmer nach einem Hinweis. So fanden sie sein unverschlossenes Tagebuch. In ihrer Verzweiflung begannen sie, darin zu lesen.

Bernd hatte diesem Büchlein seine Gedanken, Gefühle und seinen Kampf mit dem Anderssein anvertraut. Seine Eltern waren fassungslos. Ihr Sohn sollte schwul sein? Das durfte und konnte nicht sein!

Einige Monate später waren wir zu einer Feier bei Familie Schulze eingeladen. Im Gespräch erzählte ich von meiner Diplomarbeit, die ich derzeit gerade schrieb, und wir sprachen auch über meine Beziehung zu unserer lesbischen Tochter. Da brach Gerda in Tränen aus. Ich nahm sie in den Arm und führte sie in einen ruhigen Raum, denn ich ahnte den Grund ihres Kummers. Im Jahr zuvor hatte ich Bernd mehrmals gesehen und gesprochen, und auch auf diesem Fest war er anwesend. Obwohl ich mir nicht anmaßen würde, Menschen in Homo- und Heterosexuelle einzuordnen, vermutete ich doch bei Bernd seit längerer Zeit eine homophile Veranlagung. Durch seine Mutter bekam ich die Bestätigung. Sie war völlig aufgelöst und konnte gar nicht begreifen, wie offen ich mit diesem Thema umging.

Inzwischen sind ein paar Jahre vergangen. Gerda und Horst aber werden mit der Tatsache, ein homosexuelles Kind zu haben, nicht gut fertig. Horst ist Offizier und sehr darauf bedacht, daß kein Außenstehender von Bernds Veranlagung erfährt. Sein Verständnis von einem Mann läßt sich mit dem Schwulsein des eigenen Sohnes nicht vereinbaren. Aus Gesprächen mit ihm weiß ich, daß er innerlich verzweifelt ist und große Angst vor der gesellschaftlichen Auseinandersetzung hat. Gerade diesem Sohn fühlt er sich sehr verbunden, denn Bernds schwere Krankheit als Kleinkind hatte dazu geführt, daß seine Eltern viele Jahre recht besorgt um ihn waren und sich intensiv um ihn kümmerten.

In seinem Homosexuellsein fühlt sich Bernd von seinen Eltern jedoch nicht richtig angenommen. Er vermißt ihr Interesse und ihre moralische Unterstützung. Inzwischen wohnt und studiert er in einer Universitätsstadt mit einer großen Schwulenszene. Er leidet darunter, daß Nachbarn und Bekannte seiner Eltern nicht wissen sollen, daß er homosexuell ist. Die Familie väterlicherseits ist überhaupt nicht informiert. Bernd und seine Eltern haben Angst vor ihrer Reaktion, vor eventuellem Unverständnis. Wenn die Großmutter oder Onkel und Tanten fragen, ob Bernd eine Freundin habe und wie es denn mit dem Heiraten stehe, antworten die Eltern: »Bernd wird wohl immer ein eingefleischter Junggeselle bleiben.« Die andere Großmutter hat ihren Enkel vor etwa einem Jahr ganz direkt gefragt, ob er schwul sei. Gerda und Horst haben außer mit mir, einer Schwägerin und dieser Großmutter nie mit anderen Menschen über Bernds homosexuelles Leben geredet. Dieses Thema wird umgangen. Sie benutzen Ausreden und Umschreibungen, wenn sie über das Intimleben ihres Sohnes sprechen. Bernd leidet darunter. Er ist ein komplizierter Mensch, zweifelt häufig an seinen Fähigkeiten und entwickelt wenig Selbstvertrauen. Mit seinem Anderssein kommt er nicht gut zurecht und wünscht sich deshalb mehr Unterstützung und Anerkennung. Es schmerzt ihn, daß seine Eltern nicht offen über ihn als schwulen Sohn sprechen können.

Ich habe die Erfahrung gemacht, daß die Eltern homosexueller Kinder im Ausland ebenso unterschiedlich mit der Veranlagung von Sohn und Tochter umgehen wie in Deutschland.

Zum Beispiel in Frankreich: Vor drei Jahren besuchte ich Michelle, eine Freundin aus Jugendtagen. Sie ist eine selbstbewußte, kluge und temperamentvolle Französin und stammt aus einer alteingesessenen, konservativen und streng katholischen Medizinerfamilie. Bei meinem Besuch lernte ich auch erstmals die vier Kinder kennen, drei Söhne und eine Tochter. Eric, der älteste, fiel mir besonders angenehm auf. Er war neunzehn Jahre alt, etwas zurückhaltend, charmant und gutaussehend. Michelle aber schien Schwierigkeiten mit ihm zu haben. Sie schimpfte über seine Schulschwierigkeiten, seine Unzuverlässigkeit und Ichbezogenheit.

Nach fast sechsundzwanzig Jahren hatten wir uns viel zu erzählen. Im Laufe des Abends sprachen wir auch über mein spät begonnenes Studium, meine Diplomarbeit und meine Beziehung zu Cathrin. Michelle war fast ein wenig empört über die Art, mit der ich über Homosexualität sprach. Sie konnte es gar nicht fassen, daß ich meine Tochter so annahm, wie sie war, und nichts unternahm, um Cathrin wieder »auf den rechten Pfad« zu bringen. Sie bombardierte mich mit Fragen und wollte vor allem wissen, was denn die Wissenschaft zur Homosexualität sage. Meiner Auffassung, daß meine Tochter von Natur aus homosexuell ist, konnte sie sich nicht anschließen.

Einige Monate später meldete sich eine völlig aufgelöste Michelle telefonisch bei mir und bat mich dringend um die Zusendung meiner Arbeit. Ihr Sohn Eric hatte ihr und Pierre gestanden, daß er schwul ist. Michelle aber wollte es einfach nicht glauben. Sie empfand es als eine Schande und war empört, daß ihr Sohn seiner Mutter *das* antun konnte. Es gab wohl heftige Auseinandersetzungen. Michelle sprach über ihr Kind voller Vorurteile und mit schweren Vorwürfen. Ich versuchte, ihre Aufregung zu verstehen. Als strenggläubige Katholikin lebt sie folgsam nach den Gesetzen der Kirche. Außerdem hat sie eine gesellschaftliche Position in ihrer konservativen Heimatstadt zu vertreten. Aber hier handelte es sich um ihren Sohn, den sie geboren hatte. Ich machte sie auch mit schärferen Worten darauf aufmerksam, daß ihr Kind jetzt unbedingt die Unterstützung der Familie brauche. Eric aber mußte das Elternhaus verlassen und eine eigene Wohnung beziehen. Kurz vor dem Abitur kehrte er auch der Schule den Rücken und nahm Gelegenheitsjobs an. Michelle behauptete, daß er sich zudem in »schlechten Kreisen« aufhalten würde, die großen Einfluß auf ihn hätten. Niemand darf etwas von Erics Homosexualität erfahren. Meine Auffassung, daß wir offen mit der homosexuellen Veranlagung unserer Kinder umgehen und ihnen zeigen müssen, daß wir sie ebenso natürlich annehmen wie unsere anderen Kinder auch, um sie damit für das Leben zu stärken, mag meine französische Freundin Michelle nicht teilen.

Ganz andere Erfahrungen habe ich in Spanien gemacht. Ich habe beobachtet, daß viele Jugendliche in diesem Land bisexuell leben. Meiner Erkenntnis nach dürfen sie homosexuelle Erlebnisse haben, ohne diskriminiert oder bestraft zu werden. Es wird als Möglichkeit gesehen, soziales Verhalten zu lernen, bevor verfrüht heterosexuelle Partnerschaften eingegangen werden. Die Diskrepanz zwischen den dogmatischen Anweisungen führender Kirchenvertreter sowie den Gesetzen des Staates einerseits und dem toleranten, humanen Verhalten der Bevölkerung gegenüber Homosexuellen andererseits ist schon verblüffend. Es zeigt sich, daß hier Nächstenliebe wirklich gelebt wird und der Mensch mit seinen facettenreichen Veranlagungen als Individuum mit dem Recht auf freie Entfaltung der Persönlichkeit angenommen wird. Auch in Spanien gibt es Menschen, die Homosexualität als pervers und krankhaft ansehen, aber es überwiegen die Toleranz und die Achtung vor dem einzelnen.

Juanjo zum Beispiel, der einige Jahre bisexuell lebt, bis er sich mit Anfang Zwanzig zur homosexuellen Lebensform entschloß, ist seit acht Jahren mit Antonio zusammen.

Seine Eltern besitzen eine kleine Orangen- und Zitronenplantage und vermieten im Sommer Zimmer an Feriengäste. Im Winter lebt die Familie in der Stadtwohnung und im Sommer in einem Haus nahe dem Meer. Juanjo ist der einzige Sohn. Seine Eltern könnten vom Alter her seine Großeltern sein. Sie hätten gerne mehr Kinder bekommen. Nun bleiben ihnen auch eine Schwiegertochter und Enkelkinder verwehrt, weil ihr einziger Sohn schwul ist. »Das ist so. Der liebe Gott hat es so gewollt. Warum sollen wir da böse sein und wem? Die Hauptsache ist, unser Kind ist ein zufriedener Mensch.« Das war ihre Antwort auf meine Frage, wie sie mit der Homosexualität ihres Sohnes umgehen. Sorgen machten sie sich lange Zeit um seinen beruflichen Werdegang. Juanjo ist ein Allroundtalent und hat verschiedene Berufe erfolgreich ausgeübt. Die unsteten Jahre sind inzwischen vorbei. Heute gehört er zum Management einer Hotelanlage, und sein Lebensgefährte besitzt einen Friseursalon. Das Paar hat sich in Juanjos Elternhaus eine Wohnung eingerichtet. Sie sind gut in die Verwandtschaft und Nachbarschaft integriert, und es ist selbstverständlich, daß beide Männer zu jeder Feier eingeladen werden.

Durch die Achtung, die sie von ihrer Familie und ihrem Umfeld erfahren, sind Juanjo und sein Lebenspartner Antonio zwei selbstbewußte, »gestandene« Männer, die wegen ihres Charmes und ihrer Sensibilität gerade bei Frauen besonders viel Sympathie finden.

Auf meinen Reisen in die USA habe ich keine persönlichen Erlebnisse mit Homosexuellen oder ihren Eltern gehabt. Trotzdem hat mich das Miteinander von Heterosexuellen und Homosexuellen in Amerika interessiert, und ich habe mich umgesehen und umgehört.

In den verschiedenen Bundesländern der USA wird mit der homosexuellen Minderheit unterschiedlich umgegangen. So läßt es sich in Weltstädten wie Los Angeles oder New York fast problemlos als Lesbe oder Schwuler leben. Ein Gericht in New York etwa stellte fest, daß die herkömmliche Mann-Frau-Beziehung nicht mehr das einzig denkbare Familienmodell für Amerika sei, sondern daß auch Homosexuelle eine familiäre Einheit bilden könnten.

Besonders in Kalifornien, wo der Anteil der Homosexuellen an der Bevölkerung 40 Prozent beträgt, habe ich große Toleranz gegenüber dieser Gruppe erlebt. In San Francisco ist das Leben für homosexuelle Menschen besonders angenehm. »Gays« können problemlos und ohne Heimlichtuerei an Schulen unterrichten, es gibt einen »Gay«-Fernsehsender, »Gay«-Kirchen verschiedener Glaubensrichtungen haben Hochbetrieb, und Homosexuelle können hier auch heiraten.

In konservativen amerikanischen Staaten sieht das leider ganz anders aus. Für viele Amerikaner gilt Homosexuellsein noch immer als ein Übel, das ausgemerzt gehört. Meine Argumente, die ich in Gesprächen über Homosexualität immer wieder anbrachte, wurden hier kaum zur Kenntnis genommen oder sofort durch bestehende

Vorurteile zu entkräften versucht. Im US-Staat Georgia wurde beispielsweise vor einigen Jahren erneut ein Gesetz erlassen, wonach Homosexualität zwischen Erwachsenen wieder unter Strafe gestellt wird. Der oberste Gerichtshof in Washington billigte dieses Gesetz.

Auch Präsident Clinton weiß nicht so recht, wie er sich verhalten soll. Während seines Wahlkampfes hatte er ein sehr umstrittenes Wahlversprechen gemacht: Schwule sollten das Recht erhalten, Soldat zu werden. Im Juli 1993 verkündete der Präsident dann einen halbherzigen Kompromiß: Homosexuelle dürften zwar in die Armee eintreten, müßten aber geloben, sich nicht erkennen zu geben.

In Maryland verhielten sich die Menschen diesem Thema gegenüber ebenfalls sehr distanziert. Cathrin fühlte sich während unseres Aufenthaltes in der amerikanischen Gastfamilie ihrer Schwester manchmal wie ein exotisches Wesen, das ängstlich und neugierig zugleich beobachtet wurde.

Ganz anders ist es in Dänemark. Wir wohnen nicht weit von der dänischen Grenze entfernt. Da ist es für mich besonders schmerzlich zu erfahren, wie wenig ungezwungen und normal Homosexuelle bei uns im Gegensatz zum Nachbarland leben können. In Dänemark wird der Mensch in seiner ganzen Persönlichkeit gesehen und nicht nur auf seine Sexualität reduziert. Alle Berufe sind Homosexuellen zugänglich, auch das Amt des Pastoren. Ebenso ist das Heiraten möglich.

Homosexuelle können in jeder Hinsicht leben wie Heterosexuelle auch. Es regt niemanden auf, wenn sich im Café am Tisch nebenan zwei Lesben küssen oder auf der Straße zwei Schwule Hand in Hand einen Schaufensterbummel machen. Können Sie meine Gefühle erraten, wenn ich diese Selbstverständlichkeit bloß wenige Kilometer von meinem Wohnort entfernt erlebe? Manchmal schäme ich mich in solchen Momenten, Deutsche zu sein. Besonders dann, wenn es um das Miteinanderleben geht. Wenn es sich um Toleranz handelt und darum, den anderen zu respektieren – in seiner Hautfarbe, seiner Religionszugehörigkeit und in seiner Lebensweise.

»Sei froh, daß es kein Sohn ist!« – Reaktionen anderer

Natürlich hatten Thomas und ich zunächst große Sorgen bei der Vorstellung, wie denn unsere und Cathrins Umwelt auf ihre Homosexualität reagieren würde. Wir hatten aber nicht nur Angst um sie und um ihre Zukunft, sondern machten uns auch viele Gedanken darüber, wie unser anderes Kind, Cathrins kleine Schwester Judith, reagieren würde. Womöglich würde sie ihre lesbische Schwester ablehnen? Oder aber würde sie sich ihrer Erziehung entsprechend tolerant verhalten und ihre Schwester so annehmen, wie sie ist?

Judith ist siebeneinhalb Jahre jünger als Cathrin. Als diese mit Inken zum erstenmal ihre Gefühle offen vor der Familie demonstrierte, war Judith zehn Jahre alt. Sie hat damals wohl noch nicht begriffen, daß ihre große Schwester eine homosexuelle Lebensweise entwickelte.

Sie war schon immer ein sehr aufgeschlossenes, fröhliches und offenes Kind. Ihre Sexualerziehung verlief ähnlich wie bei Cathrin. Ich gab auch meiner jüngsten Tochter auf ihre Fragen altersgemäße Antworten, denn für mich ist Sexualität ein natürlicher Teil des menschlichen Lebens, der auch in eine natürliche Sprache zu fassen ist. Judith schockte daher hin und wieder sexuell verklemmte Menschen mit ihrem Wissen und der Selbstverständlichkeit, mit der sie über Sexualität sprach. So erhob auch eine junge Frau, die selbst mit sechzehn Jahren ein Kind bekommen hatte, ihren moralischen Zeigefinger, als Judith mit etwa sieben Jahren bei einer Frau mit dickem Bauch eine Schwangerschaft diagnostizierte und dies auch laut verkündete.

Als es dann offensichtlich war, daß Cathrin lesbisch ist, bekam Judith es zunächst gar nicht so mit. Wir verheimlichten es aber nicht. Da wir Eltern die homosexuelle Lebensweise unserer Ältesten akzeptieren und annehmen lernten, war es für uns eigentlich selbstverständlich, daß Judith es auch tun würde ~ ohne groß zu hinterfragen. Das erste Mal so richtig bewußt wurde es ihr wohl, als wir über das Heiraten sprachen. Sie war etwa fünfzehn Jahre alt. In diesem Gespräch sagte ich, daß Cathrin nur heiraten würde, wenn zwei Frauen dazu die Erlaubnis vom Staat bekämen. Zu dieser Zeit war Cathrin mit Annette befreundet, und beide waren viel mit uns zusammen. Ihr Verhalten zueinander war für Judith so selbstverständlich geworden, daß sie sich gerade mal darüber wunderte, wieso denn Politiker sich in Liebesdinge einmischen würden.

Judith besuchte ihre große Schwester oft in Hamburg und lernte dort die Szene kennen. Sie wollte gern wissen, wie Cathrin lebt. Sie fand es auch ganz normal, mit ihr zu den Homosexuellentreffpunkten, den Cafés,

Bars und Diskotheken, zu gehen. Ich hatte zu keinem Zeitpunkt Angst, meine Jüngste könnte verführt werden. Auch ihren Werdegang hatte ich sorgfältig beobachtet. Sie entwickelte sich durchweg typisch heterosexuell, so wie ich es von mir auch kenne. Für sie war und ist die andere sexuelle Lebensweise ihrer Schwester ganz natürlich. Diese Ansicht vertritt sie auch ihrem Freundeskreis gegenüber. Wenn es sich im Gespräch ergibt, spricht sie offen über Cathrins Homosexualität. Die meisten Freunde schließen sich ihrer Meinung an. Wenn aber doch mal Schwulenwitze erzählt werden, versucht sie, an die Toleranz zu appellieren.

Mit sechzehneinhalb Jahren ging Judith für ein Jahr nach Amerika. Im Laufe ihres Aufenthaltes kam das Gespräch auch auf ihre lesbische Schwester. Die Reaktion der Familie war für Judith völlig ungewohnt. Ihre Gastmutter sagte schüchtern lachend: »Das wird bestimmt wieder besser. Deine arme Mutter, ich bewundere sie dafür, daß sie das alles so verkraftet.« Gastvater und Gastschwester sahen verlegen beiseite und sagten gar nichts. Und der zehnjährige Gastbruder durfte nichts erfahren, da er noch viel zu jung war, um mit »so etwas« umgehen zu können.

Wenn Cathrin eine Party gibt, zu der sie homosexuelle Männer und Frauen sowie Heterosexuelle einlädt, sind Judith und ihr Freund Boris immer mit dabei. Beide sind nie von Schwulen oder Lesben »angemacht« worden. Zu keinem Zeitpunkt hatte sie das Gefühl, zur Homosexualität verführt zu werden.

Als Cathrin sich nach dem Schulabschluß in Hamburg eine Wohnung suchte, begann die Verwandtschaft hin und wieder auch nach einem Freund zu fragen. Cathrin war einundzwanzig Jahre alt, und ihre Großeltern, Onkel und Tanten wollten gerne etwas über ihr Privatleben erfahren. So ergab es sich, daß ich wahrheitsgemäß von der homosexuellen Veranlagung meiner Ältesten erzählte. Die Großeltern waren erst einmal schockiert. Das konnten sie gar nicht begreifen. Der Großvater formulierte es so: »Nein, das nun auch noch. Erst der Tod von Florian. Dann Cathrins introvertierte Art, und nun auch noch *das*! Bestimmt kommt das durch das Leben im Internat.« Schon bald aber überwog die Liebe zu ihrer ältesten Enkeltochter. Doch Cathrins Homosexualität, die sie auch noch so bewußt und mit Rückendeckung der Eltern lebte, zu akzeptieren, das war wohl doch sehr schwierig für sie. Sie versuchten aber, es zu verstehen, und machten keine weiteren diskriminierenden Bemerkungen. Ich glaube, daß sie sich um das Wohl ihrer Enkelin Sorgen machten. Cathrins Großmutter wollte auch schon mal Näheres von mir wissen wie: »Ist Cathrin denn der Mann oder die Frau?« oder »Sie war doch schon immer ein Spätzünder. Meinst du nicht, ihre Ansicht kann sich noch ändern?« Persönlich haben die Großeltern Cathrin aber nie direkt gefragt, warum sie so lebt und wie es ihr dabei geht.

Ein Onkel von Cathrin sagte zu mir: »Bei Frauen kann ich mir das ja noch vorstellen, aber bei Männern? Das ist doch eine Schweinerei, einfach ekelhaft und pervers!« Einem anderen Onkel fiel ebenfalls nur die sexuelle Seite ein, als er von Cathrins Lesbischsein erfuhr. »Wie machen die das? Gebrauchen die Frauen einen künstlichen Penis?« Und die katholischen Schwestern von Thomas sahen mich ganz ungläubig an. Sie lächelten verlegen und meinten: »Bist du dir auch wirklich sicher? Das ist doch sicherlich nur eine Phase. Der Richtige wird schon noch kommen, da mach dir man keine Sorgen.«

Um die sexuellen Empfindungen meiner Tochter mache ich mir keine Sorgen. Aber dieses Umfeld bereitet mir Kummer. Wenn all diese gutinformierten und augenscheinlich aufgeschlossenen Menschen schon so von Vorurteilen und verlogenen Moralvorstellungen geprägt sind, wie reagieren dann erst Menschen, die viel weniger von unterschiedlichen sexuellen Lebensformen wissen?

Wenn wir mit den Verwandten zusammentreffen, wird über alles mögliche gesprochen. Auch über die Freundschaften der Nichten und Neffen. Es wird gerätselt, wo wohl die nächste Hochzeit sein wird. Es wird über mögliche zukünftige Schwiegersöhne und -töchter geschimpft, die angeblich nicht zur Familie passen. Das Thema Cathrin und Partnerschaft wird aber umgangen. Nur die Großeltern, eine Tante und ein Onkel fragen ab und zu, ob Cathrin eine feste Freundin hat.

Vor einigen Monaten traf ich Petra. Wir haben zusammen Pädagogik studiert. Nach dem Examen zog Petra in die Landeshauptstadt, wo sie eine Stelle an einer Hauptschule bekam. Später wurde sie Beamtin und absolvierte auch noch eine Weiterbildung zur Beratungslehrerin. Während des Studiums verbrachten Petra und ich viel Zeit miteinander. Sie kannte Thomas und die Mädchen sehr gut. Bei diesem Treffen sprachen wir auch über meine Familie, und Petra fragte ganz unvermittelt: »Wie geht es Cathrin? Ist sie immer noch – na, du weißt ja, was ich meine!« Ich blickte sie erstaunt an: »Sprichst du von Cathrins Homosexualität? Was soll damit sein?« Petra zierte sich ein wenig. »Na, hat sich *das* immer noch nicht gegeben? Ist sie immer noch nicht über diese Phase hinweg? Sie muß doch jetzt schon Mitte Zwanzig sein.« Sollte ich lachen oder weinen? Ich entschied mich fürs Lachen. Amüsiert fragte ich: »Was soll sich da ändern? Hast du deine chaotische heterosexuelle Lebensweise geändert?« Petra war für einen kurzen Moment verlegen. Dann aber besann sie sich: »Ja, ich habe da gerade ein Buch gelesen – das mußt du dir unbedingt kaufen –, darin wird gesagt, daß es sich *dabei* nur um Phasen handelt!« Jetzt mußte ich mich arg zusammennehmen, um einigermaßen sachlich zu bleiben. »Wie schön, daß du dich für dieses Thema interessierst. Der Autor des Buches hat aber sicherlich kein homosexuelles Kind, denn sonst könnte er einen solchen Schwachsinn nicht schreiben. Es gibt bestimmt Jugendliche, die die gleichgeschlechtliche Liebe nur mal ausprobieren wollen – da kann man vielleicht von Phasen sprechen. Bei Cathrin nicht. Lies doch mal meine Diplomarbeit. Ich glaube, da bist du besser informiert.« Petra wurde das Gespräch allmählich peinlich. Sie wechselte schnell das Thema. Ich war so wütend, daß ich mich bald von ihr verabschiedete.

Petra ist Beratungslehrerin. Sie hat das Wort *Homosexualität* nicht einmal ausgesprochen, nur umschrieben. Wie will diese Vertrauensperson für Schülerinnen und Schüler ihnen und ihren Eltern bei Fragen zur Sexualität und damit zusammenhängenden Erziehungsschwierigkeiten Rede und Antwort stehen? Ich stelle einmal wieder fest: Homosexualität ist heute immer noch ein Tabuthema, auch in den meisten Schulen, was mir im übrigen viele Lehrerinnen und Lehrer bestätigt haben.

Offensichtlich ist dies an den Universitäten leider nicht sehr viel anders. Während meines Diplom-Pädagogik-Studiums war mein Schwerpunkt das Fach Psychologie. In Klinischer Psychologie lehrte ein Professor, der von den Forschungsergebnissen der Wissenschaft so überzeugt war, daß er außerhalb dieser Theorien und Hypothesen nichts gelten ließ. Als wir während eines Seminars über Homosexualität sprachen und ich erzählte, daß ich Mutter einer lesbisch lebenden Tochter sei, knallte er mir an den Kopf: »Da haben Sie in der ödipalen Phase etwas falsch gemacht. Es liegt nur an der Erziehung – denken Sie mal darüber nach!« Ich war entsetzt und konnte meine Tränen kaum zurückhalten. Später, auf dem Flur, wollte ich meinem Ärger gerade Luft machen, als mich zwei junge Kommilitonen spontan in die Arme nahmen, mich herumwirbelten und dabei sangen: »Ja, ja, die Mutter ist mal wieder an allem schuld!« Dann haben wir herzlich gelacht, und ich schüttelte nur noch den Kopf über soviel unsensiblen Blödsinn eines Professors.

Als ich das Thema »Warum wird Homosexualität als unnatürliches Verhalten erlebt?« für meine Diplomarbeit schon längst festgelegt hatte, sprach ich darüber mit einer Professorin, deren *Seminar über sexuelle Verhaltensweisen* ich besuchte. Sie war in meinem Alter und beschäftigte sich besonders in einem ihrer Bücher über Sexualkunde in der Schule mit dem Thema Homosexualität. Für diese Unterrichtseinheit hatte sie sich gerade mal eine halbe Seite Text abgerungen. Ihr Kommentar zu meinem Vorhaben lautete dann auch: »Über Homosexualität wollen Sie schreiben? Das ist doch heute gar kein Thema mehr. Sie machen sich ja lächerlich. Die Gesellschaft ist doch so aufgeschlossen – das wird niemanden mehr interessieren.« Das sah ich aber gar nicht so. Als Mutter eines homosexuellen Kindes war und ist das für mich ein Thema. Schließlich werde ich fast täglich mit der Unwissenheit und den Vorurteilen der Gesellschaft konfrontiert.

Wie »aufgeschlossen« unsere Gesellschaft wirklich ist, zeigte auch ein Gespräch während einer Talk-Show, die ich im Fernsehen verfolgte. Ein Thema im Laufe dieser Sendung war »Fußball«. Bekannte Fußballer, Trainer und Journalisten waren versammelt und diskutierten. Irgendwann behauptete ein Journalist: »Fußballer können vor dem Spiel gar nicht mehr auf die Toilette, weil sie nämlich *leer* sind.« Der Libero einer erfolgreichen Bundesligamannschaft antwortete auf diese Behauptung: »Dann möchte ich Sie einladen, vor dem Spiel mal mit auf die Toilette zu kommen.« Daraufhin entgegnete der Journalist mit verstellter, affektierter Stimme: »Ach, ich wußte gar nicht, daß Sie *so einer* sind.« Betretenes Schweigen folgte und anschließend Themawechsel. Ich saß vor dem Fernseher und konnte es nicht fassen.

Bei Feiern im kleinen Kreis oder beim Kaffeeklatsch mit Freundinnen wird selbstverständlich auch von den Kindern erzählt. Am besten spricht es sich natürlich über die »Vorzeigekinder«, die Töchter und Söhne, die problemlos durchs Leben gehen und so ganz den allgemeinen Wunschvorstellungen entsprechen. Glaubt man den Erzählungen vieler Eltern, gibt es kaum Kinder, die aus der Rolle fallen. Entweder wird die Entwicklung der Sprößlinge schöngeredet, oder man verschweigt die Schattenseiten eines Kindes.
Bei derartigen Gesprächen falle ich mit meiner offenen Art, Dinge beim Namen zu nennen, häufig unangenehm auf. Schon mehrmals habe ich mein Umfeld in Verlegenheit gebracht, wenn ich von Cathrins lesbischer Lebensform erzählte. Die Damen stottern dann: »Aber das merkt man ihr ja gar nicht an. Sie ist doch ein so hübsches Mädchen.« Oder: »Kaum zu glauben. So sieht sie

gar nicht aus.« Oder: »Das hätte ich nicht gedacht. Da wäre ich nie drauf gekommen – sie ist doch so charmant.« Und ganz häufig folgt dann noch der Satz: »Sei froh, daß es kein Sohn ist!« Spätestens in dieser Phase der Gespräche fühle ich mich genötigt, Aufklärung zu leisten. Wut erfüllt mich über diese Aussprüche, und ich muß mich zwingen, einigermaßen sachlich zu bleiben. Dann stelle ich erst einmal klar, daß es mir völlig egal ist, ob es sich bei meinem homosexuellen Kind um eine Tochter oder einen Sohn handelt. Es ist mein Kind, das ich liebe und das zufällig homosexuell ist.

Diese Aussprüche zeigen mir, daß ein großer Teil der heterosexuellen Gesellschaft bei homosexuellen Menschen nur Äußerlichkeiten und nur die sexuelle Seite sieht. Nicht alle schwulen Männer haben eine weibliche Stimme, tragen einen Ohrring im linken Ohrläppchen, verfügen über einen hüfteschwenkenden Gang oder über eine affektierte Sprechweise und Gestik. Nicht jede lesbische Frau sieht aus wie ein »kesser Vater« aus den zwanziger Jahren, hat nicht das Gehabe eines machohaften Mannweibes, brüllt nicht mit tiefer Stimme, trägt nicht einen superkurzen Haarschnitt oder läuft mit gespornten Stiefeln herum. Wir sehen es einfach nicht jedem homosexuellen Menschen an, daß er lesbisch oder schwul ist. Viele Menschen wären erstaunt, wenn sie wüßten, wer von den Männern und Frauen in ihrem Umfeld oder in den Medien tatsächlich alles homosexuell lebt.

Der Satz »Sei froh, daß es kein Sohn ist!« beinhaltet

die gesellschaftliche Erwartungshaltung an die Rollen-verteilung der Geschlechter. Er ist zwar »tröstend« ge-meint – nach dem Motto »Bei Mädchen fällt das ja nicht so auf!« –, aber dahinter verbirgt sich in Wirklichkeit eine sehr viel diskriminierendere Einstellung. Obwohl homosexuelle Männer nicht den Rollenerwartungen entsprechen, sind sie doch zuerst Männer und somit in der Lage, männliche Dominanz und Macht fortzufüh-ren. Frauen wird auch in der heutigen Zeit häufig nicht genügend Identität zugestanden. Sie erfahren Wert-schätzung und Bestätigung oft nur als Mutter und Ehe-frau. Selbständigkeit, Engagement und Erfolg im Be-ruf werden überwiegend mißtrauisch betrachtet. Viele Single-Frauen haben mit diesem Argwohn zu kämpfen. Die homosexuell lebende Frau erfährt besondere Dis-kriminierung, da sie sich beidem entzieht – dem Mann *und* der herkömmlichen Frauenrolle.

Die unterschiedliche »Wertschätzung« von Lesben und Schwulen ist deutlich daran zu erkennen, daß nur die männlichen Homosexuellen strafrechtlich verfolgt wer-den. So betrachtet, ist die Nichtbeachtung der weib-lichen Homosexuellen durch das Gesetz frauenfeind-lich und spiegelt den Stellenwert der Frau in unserer Gesellschaft wider. Während der Schwule eine Bedro-hung für alle Männer, Frauen und Kinder darstellt und seine Verweigerung, dem Rollenklischee zu folgen, be-straft wird, ist die Lesbe *nur* eine Bedrohung für den Mann, und die gleiche Verweigerung wird belächelt oder ignoriert.

Über weibliche Homosexualität finden sich kaum Informationen in wissenschaftlichen Publikationen oder in anderen Veröffentlichungen. In den Medien wird weibliche Homosexualität allein auf Sexualität reduziert und dann gern in Verbindung mit Kriminalität und Perversion genannt. Oft wird beispielsweise auch das Lesbischsein der Frauen mit der Frauenbewegung gleichgesetzt oder gar unterstellt, daß sie Schwierigkeiten mit Männern hätten. Viele Lesben kommen jedoch hervorragend mit dem anderen Geschlecht aus, sie haben nur kein sexuelles Interesse. Vorurteile und Diskriminierungen dieser Art schaffen große Diskrepanz zwischen der angestrebten Lebensform von lesbischen Frauen und derjenigen, die ihnen von der Gesellschaft zugestanden wird. So haben Lesben weitaus größere Schwierigkeiten als Schwule mit dem Coming-out. Die Angst vor einer anderen Sexualität, vor der Selbständigkeit und nicht abgesicherten Zukunft durch einen Mann sowie die Angst davor, den Erwartungen der Umwelt nicht zu entsprechen, treibt viele lesbische Frauen zunächst in heterosexuelle Beziehungen oder in die Ehe. Viele weibliche Homosexuelle wissen keinen anderen Ausweg aus der doppelten Unterdrückung, denn sie müssen nicht nur die sozialen und finanziellen Hindernisse überwinden, sondern auch noch mit den gesellschaftlich geforderten und verinnerlichten Weiblichkeitsidealen brechen. Den meisten Frauen fällt die Trennung vom traditionellen Frauenbild besonders schwer.
Um als Lesbierin leben zu können, müssen sich viele

Frauen aus dem Familienverband lösen. Somit sind sie häufig isoliert. Aus Dokumentationen über die Lebenssituation homosexueller Frauen weiß ich, daß eine große Anzahl von ihnen allein in einem heterosexuellen Kreis lebt. Auch in der heutigen Zeit wagen nur wenige den Schritt aus der Isolation, indem sie Kontakt zu anderen lesbischen Frauen suchen. In den Großstädten ist dies wegen des breiteren Angebots an homosexuellen Treffpunkten im übrigen sehr viel einfacher als auf dem Land.

Viele homosexuelle Frauen definieren sich hauptsächlich über ihren Beruf. Sie sehen ihn nicht nur als Broterwerb, sondern er ist besonders wichtig für ihre Identität und ihr Selbstwertgefühl. Ich erlebe es immer wieder, daß diese Frauen viel lieber von ihrem Berufsleben als von ihrem Liebesleben erzählen. Ein Grund liegt vielleicht darin, daß die Mehrzahl der Frauen ihr Lesbischsein sehr spät erkennt und zuläßt. Oft haben diese Frauen dann schon Kinder, die ihnen ebenso wichtig wie der Beruf und die Partnerschaft mit einer Frau sind. Ich kenne Lesben, die große Schwierigkeiten mit der Sorgerechtsregelung nach der Scheidung von ihren Männern haben. Ihr Lesbischsein, das vom Gericht als »nicht normal« angesehen wird, spielt eine entsprechende Rolle beim Streit um die Kinder.

Angesichts der *doppelten* Diskriminierung, der eine lesbische Frau in unserer Gesellschaft ausgesetzt ist, halte ich es für doppelt dumm, wenn jemand »Sei froh, daß es kein Sohn ist!« zu mir sagt. Ein solcher Ausspruch ist ein Zeichen von Ignoranz und alles andere als ein Trost oder eine Hilfe. Ich kann mir kaum vorstellen, daß die Mutter eines Schwulen, zu der jemand »Sei froh, daß es keine Tochter ist!« sagen würde, darüber anders dächte als ich. Im Zweifelsfall wäre es dieser Mutter nämlich genauso egal wie mir, ob ihr Kind schwul oder lesbisch ist. Und ich hoffe, ihr wäre es ebenfalls egal, ob ihr Kind homo- oder heterosexuell ist. So daß auch sie sich den Worten von Max Frisch anschließen könnte:

Du sollst dir kein Bildnis machen. Es ist bemerkenswert, daß wir gerade von dem, den wir lieben, am mindesten aussagen können, wie er sei. Wir lieben ihn einfach. Eben darin besteht ja die Liebe, das Wunderbare an der Liebe, daß sie uns in der Schwebe des Lebendigen hält, in der Bereitschaft, einem Menschen zu folgen, in allen seinen möglichen Entfaltungen. Wir wissen, daß jeder Mensch, wenn man ihn liebt, sich wie verwandelt fühlt, wie entfaltet, und daß auch dem Liebenden sich alles entfaltet, das Nächste, das lange Bekannte. Vieles sieht er wie zum ersten Male. Die Liebe befreit es aus jeglichem Bildnis. Das ist das Erregende, das Abenteuerliche, das eigentlich Spannende, daß wir mit den Menschen, die wir lieben, nicht fertig werden: weil wir sie lieben; solange wir sie lieben.

Die Szene

Jüngere homosexuelle Menschen – wie im übrigen auch heterosexuelle – gebrauchen gerne das Wort *Szene*, um ihre bevorzugten Treffpunkte unter einem Oberbegriff zusammenzufassen.

Strenggenommen greift hier jedoch die Bezeichnung *Subkultur*, die aus der Soziologie stammt und zur Definition von Bereichen benutzt wird, in denen besondere Wertvorstellungen gelten.

In ihrem »Sub« sind Lesben und Schwule unter sich. Hier brauchen sie keine Diskriminierung zu fürchten, hier können sie sich offen zeigen und leben. Hier ist es *normal*, homosexuell zu sein, und niemand nimmt daran Anstoß. Im engeren Sinne werden unter *Szene* Treffpunkte wie Bars, Diskotheken und Cafés verstanden. Dort besteht die Möglichkeit, sich zu unterhalten, zu tanzen und sich näher kennenzulernen.

Während Frauen sich in der Regel mit Begegnungsstätten dieser Art begnügen müssen, können Männer sich zusätzlich noch in speziellen Kinos und Saunen treffen. Hierbei geht es jedoch in erster Linie um die Befriedigung sexueller Bedürfnisse. Es findet überwiegend bedingungsloser und anonymer Sex statt – vergleichbar etwa mit Bordellen und Peep-Shows im heterosexuellen Umfeld –, wobei sich aber gelegentlich auch längere Beziehungen aus diesen Kontakten ergeben. Häufig treiben gesellschaftliche Vorurteile und Diskriminierung Schwule zudem in Parks und öffentliche Toiletten. Überwiegend sind es verheiratete Männer, die nur an diesen Orten unerkannt ihre homosexuellen Bedürfnisse befriedigen können.

Bei den Frauen gestaltet sich die Szene zwar nicht ganz so vielfältig, aber ich habe in den vergangenen Jahren beobachten können, daß sich hier doch einiges verändert hat. Lesbische Frauen haben zum Teil ihre eigenen Lokale, Cafés, Bars und Veranstaltungen, einbezogen in ihre Szene sind jedoch auch einige Schwulenkneipen sowie Treffpunkte und Projekte der Frauenbewegung. Reine Lesbendiskotheken haben nur geringe Chancen zum wirtschaftlichen Überleben – offenbar weil homosexuelle Frauen weniger ausgehen als Männer und über geringere finanzielle Mittel verfügen. So haben zahlreiche Szene-Discos nur *einen* reinen Frauenabend pro Woche eingerichtet, während an den anderen Abenden auch Schwule Zutritt haben.

Viele Homosexuelle wünschen sich über die bestehenden Möglichkeiten hinaus eine Erweiterung ihrer Szene, da sie durch die oft einseitige Ausrichtung ihres »Subs« eine zu große Diskrepanz zwischen Alltag und Privatleben empfinden. Das ist für sie unbefriedigend und wird oft als Einschränkung der persönlichen Entfaltung erlebt. Insbesondere in Kleinstädten und auf dem Land fehlen gewöhnlich jegliche Einrichtungen für Schwule und Lesben. Selbst als Paar bleiben Homosexuelle dort isoliert und können sich allenfalls in der heterosexuellen Gesellschaft bewegen.

Ein Ansatz, das Bedürfnis nach einer Angleichung von öffentlichem und privatem Leben zu stillen, liegt in der zunehmenden Gründung von Beratungs- und Kommunikationsstellen für Homosexuelle.

Das erste Zentrum dieser Art wurde zu Beginn der achtziger Jahre in Berlin eröffnet und entstand aus dem Wunsch nach einer Institutionalisierung der Homosexuellengruppen, die sich in den frühen siebziger Jahren überall in der Bundesrepublik zu bilden begannen. Damals ließen sich im wesentlichen zwei Richtungen in der Emanzipationsbewegung der Homosexuellen unterscheiden, die sich zeitweise erbitterte Kämpfe lieferten und eine bundesweite Zusammenarbeit kaum möglich machten. Eine der beiden Gruppen vertrat den politischen Aufklärungskampf. Sie wendete sich vor allem gegen die Bevormundung durch den Staat und gegen das sogenannte gesunde Volksempfinden. Die andere Gruppe wollte eine »homosexuelle Gegenkultur« schaffen, die weniger mit politischen Machtkämpfen zu tun hatte als mit der Suche nach einer Überlebensstrategie und dem Wunsch, endlich in Ruhe gelassen zu werden.

Später wurde die Notwendigkeit einer Zusammenarbeit zwischen den einzelnen Emanzipationsgruppen immer deutlicher, und durch Demonstrationen, gezielte Öffentlichkeitsarbeit sowie durch die Kooperation mit politischen Parteien und Institutionen wurde dann versucht, das gesellschaftliche Bewußtsein zu verändern und bessere Lösungen zu entwickeln.

So hat sich die Szene in den Großstädten mittlerweile um eine beträchtliche Anzahl von organisierten Homosexuellengruppen und Kommunikationszentren für Lesben und Schwule erweitert. Auch Zeitschriften und Magazine sind hier miteinzuschließen.

Ein ganz wichtiger Bestandteil der Hamburger Szene beispielsweise ist das seit 1983 bestehende *Magnus-Hirschfeld-Centrum*, dessen Trägerin die *Unabhängige Homosexuelle Alternative* ist. Als ich vor einigen Jahren für meine Diplomarbeit recherchierte, besuchte ich auch diese Institution. Ich wurde besonders herzlich als Mutter begrüßt und für meinen Einsatz gelobt.

Das *MHC ist ein Kommunikations- und Beratungszentrum von* Lesben und Schwulen *für* Lesben und Schwule. Es gibt dort ein breites gesellschaftliches und kulturelles Angebot, das von denjenigen gestaltet wird, für die es gedacht ist. Ebenso verhält es sich mit der Beratungsstelle: Ausschließlich homosexuelle Fachleute sind dort die Ansprechpartner. Besonders gefordert sind sie, seit Aids bekannt ist, da diese Krankheit viele Homosexuelle wieder in die Isolation treibt.

Die Aufgabe der Beratungsstelle ist es, homosexuell

liebende Frauen und Männern durch Telefongespräche, persönliche Gespräche und Gruppenarbeit sowie durch öffentliche Vorträge und Publikationen bei allen Lebensfragen und Sexualproblemen helfend zur Seite zu stehen. Hier treffen sich aber auch regelmäßig eine Elterngruppe, die *von* Eltern Homosexueller *für* Eltern Homosexueller gestaltet wird, und die Selbsthilfegruppen *Lesbische Mütter* und *Schwule Väter*.

Im Café treffen sich Frauen und Männer, um sich zu unterhalten und sich kennenzulernen, um Schach zu spielen und Zeitungen zu lesen. Im großen Saal werden Filme gezeigt und Vorträge gehalten. Schriftsteller lesen aus ihren Werken, der Chor und die Theatergruppen proben hier. Politische Diskussionen werden veranstaltet, fröhliche Feste gefeiert und der Gottesdienst abgehalten. Die Wände der Flure werden für wechselnde Ausstellungen, Anschläge und Aufrufe genutzt. Dazu gibt es Räume, in denen sich die verschiedenen Organisationsgruppen treffen, in denen Sprachkurse abgehalten werden und in denen sich Werk- und Spielmöglichkeiten befinden. Außerdem verfügt diese Institution über eine umfangreiche Bibliothek.

Das *MHC ist ein Haus, in dem jeder Interessierte freundlich aufgenommen wird, denn die Devise lautet: »Offenheit statt Abgrenzung!« Diese Offenheit habe ich auch erfahren. Einer der vielen ehrenamtlichen Berater führte mich durch die Räumlichkeiten und stellte mich den anwesenden Mitarbeiterinnen und Mitarbeitern vor. Überall wurde ich freundlich begrüßt, und meine

Fragen wurden geduldig beantwortet. Ich selbst mußte vor allem immer wieder eine Frage beantworten – wie ich mich denn als Mutter eines homosexuellen Kindes fühle.

Ähnlich positive Erfahrungen habe ich eigentlich auch durchweg in weniger offiziellen Treffpunkten für homosexuelle Menschen gemacht.

Zum erstenmal wurde ich in Spanien mit der Szene konfrontiert, denn da erlebten wir die letzte Phase von Cathrins Coming-out. Meiner Neugier boten sich die Nächte in den spanischen Homo-Bars geradezu an, und Cathrin nahm Thomas und mich gerne mit. Schwulen-Bars waren für uns zwar nichts Neues oder Unbekanntes mehr. Auf Sylt hatten wir sie öfter zusammen mit homosexuellen Freunden besucht. Aber nun waren wir als Eltern hier – mit etwas gemischten Gefühlen. Besonders Thomas war nicht besonders glücklich. Er benahm sich zwar höflich und freundlich, aber zunächst doch recht zurückhaltend.

In einer dieser Bars trat Juanjo, Cathrins schwuler Freund, am Wochenende in einer Show auf. Und auch andere Freunde aus der Clique unserer Tochter imitierten auf der kleinen Bühne internationale Stars. Überwiegend Männer und nur wenige Frauen amüsierten sich hier. Wir waren die einzigen Heteros und auch die einzigen Deutschen. Als der Besitzer der Bar in uns Cathrins Eltern erkannt hatte, begrüßte er uns herzlich. Alle Augen in dem gutbesuchten Lokal richteten sich auf uns – erstaunte, wohlwollende und ein paar skeptische Blicke. Und dann brach ein Gejohle aus: Man hieß uns willkommen. Von diesem Augenblick an benahm sich auch Thomas etwas lockerer. Wir verlebten eine wunderbare Nacht, und unsere Tochter war glücklich. Im Laufe der Jahre verbrachten wir, und später auch Judith, noch viele schöne Stunden in der spanischen Homosexuellenszene. Wir freuten uns über Cathrin. Sie fühlte sich wohl hier und war stolz darauf, daß ihre Familie sie ohne Vorbehalte in die Szene begleitete. Für mich war das kein Problem. Ich genoß an so manch einem Abend die höfliche Art der schwulen Männer, tanzte mit Juanjo Flamenco und amüsierte mich köstlich mit meiner Tochter Cathrin.

Cathrin hatte mir schon öfter von dem jährlich stattfindenden großen Frauenball vorgeschwärmt. Im November 1990 war es dann soweit. Cathrin war damals mit Annette befreundet. Ich war ganz schön aufgeregt, als wir drei Damen vor dem großen Veranstaltungsgebäude, dem *Curio-Haus*, aus dem Taxi stiegen. Es herrschte ein typisches Hamburger Schmuddelwetter, und unzählige Frauen drängten zum Eingang. Frauen, Frauen, Frauen – wohin ich auch blickte, ich sah nur Frauen, keinen einzigen Mann. Für mich als überzeugte Heterosexuelle war das schon ein etwas außergewöhnlicher Anblick, und ich wurde das Gefühl nicht los, daß da doch etwas *fehlte*. Ich hatte noch nie so viele Frauen auf einem Haufen gesehen. Die weitläufigen

Räumlichkeiten des *Curio-Hauses* füllten sich schnell. Im Laufe des Abends drängten sich fast zweitausend Damen in den Festsälen, auf den Fluren und Galerien. Es herrschte eine angenehme Atmosphäre, die mich bald gefangennahm. Schnell hatte ich vergessen, daß ich eigentlich nur zum Schauen gekommen war, so wohl fühlte ich mich. Die Stimmung war gelöst, offen, heiter und natürlich. Es war keine schwüle, sexgeladene Atmosphäre, wie Vorurteile vielleicht glauben ließen. Da standen, tanzten und saßen Frauen zwischen achtzehn und fünfundsiebzig Jahren – vom »kessen Vater« in Frack und Smoking bis zur »Sado-Maso-Frau«, von der alternativen »Öko-Aktivistin« bis zum »Engelchen« im rauschenden Ballkleid aus Tüll. Es waren viele Nationalitäten und alle sozialen Schichten vertreten. Ich sah fremde Gesichter, aber auch viele bekannte aus Politik und Medien.

Hella von Sinnen moderierte gekonnt in ihrer frechen, humorvollen Art den Abend. Die Showeinlagen wurden von einer faszinierenden schwarzen Soul-Sängerin und den *Hamburger Musikatzen* gestaltet, einer fünfköpfigen Frauen-Band, die auf klassischen Instrumenten Walzer, Tango und andere Tänze spielten. Ansonsten ertönte die Musik, geschickt gemischt, vom Band. Der Andrang auf der Tanzfläche war groß. Ein wenig komisch war es schon für mich, Frauen miteinander langsamen Walzer, Cha-Cha-Cha oder Foxtrott tanzen zu sehen. Es erinnerte mich an Bälle in der Nachkriegszeit, wo Frauen auch keine Hemmungen hatten, miteinander zu tanzen, einfach aus Mangel an Männern. Ich merkte, daß ich den Anblick der tanzenden Frauen-Paare sehr ästhetisch fand. Im Laufe der Nacht wurde es für mich zu einem ganz natürlichen, selbstverständlichen Bild, zumal ich sah, daß homosexuelle Paare ähnliche Schwierigkeiten hatten, ihren Rhythmus zu finden und ihre Füße zu sortieren wie heterosexuelle. Keinen Augenblick bereute ich es, Cathrin und Annette hierher begleitet zu haben. Es war ein harmonischer Abend – voller positiver Eindrücke und neuer Erfahrungen.

Cathrin hatte die Hamburger Szene zusammen mit ihrer Freundin Carmen entdeckt. So auch die *Ika-Stuben*, die Insider-Bar schlechthin in der Szene und einer der ältesten Treffpunkte für homosexuelle Menschen in Hamburg. Früher war sie mehr für Schwule gedacht, heute ist sie eine Frauen-Bar.
Als Cathrin die Szene neu entdeckte, schwärmte sie sehr von diesem Lokal. Gelegentlich jobbte sie am Wochenende hinter der Bar und fühlte sich dort wie zu Hause. So sehr, daß sie darüber manchmal ihren Beruf vergaß. Thomas und ich waren über Cathrins nächtliche Ausflüge und die Folgeerscheinungen nicht begeistert. Ich mußte mir unbedingt die *Ika-Stuben* ansehen, um mir ein Bild vom Szene-Leben unserer Tochter machen zu können.
Da ich keine Ruhe ließ, nahm Cathrin mich eines Abends mit. Wir parkten das Auto auf einem dunklen Parkplatz. Ich fand die Umgebung nicht besonders ansprechend,

vor allem nicht, wenn ich mir vorstellte, daß sich mein Kind nachts allein in diesem unheimlichen, verrufenen Viertel bewegte. Wie schnell konnte ihr hier etwas passieren! Die schlimmsten Gedanken rasten mir durch den Kopf. Cathrin schien das gar nicht zu beeindrukken. Fröhlich schleppte sie mich in eine schummrige Bar. Die damalige Besitzerin hieß Ann, eine rundliche, mütterlich wirkende Frau in meinem Alter mit tiefer Stimme und grellblond gefärbten Haaren. Sie begrüßte mich herzlich und wischte mit ein paar Sätzen all meine Bedenken beiseite, so vertrauenerweckend war sie. Cathrin stellte mich dann als ihre Mutter vor. Keine der Frauen um uns herum wollte das glauben. Eine Mutter hier im *Ika*? Einige guckten erst ein wenig schief. Ich kam mir ziemlich exotisch vor, so allein als Hetero-Frau unter so vielen Lesben. Übrigens machte ich auch hier die Beobachtung, daß die weibliche Klientel aus einem buntgemischten Haufen verschiedener Typen bestand. Bald aber war ich aufgenommen in die fröhliche Runde. Die Frauen waren begeistert und fanden es toll, wie ich mit der Homosexualität meiner Tochter umging. Bei einigen klang ein wenig Traurigkeit mit. Viele hatten wohl ein relativ gutes Verhältnis zu ihren Müttern; wenn es aber um die homosexuelle Lebensweise ging, wollten die meisten dieser Mütter nichts davon wissen. Cathrin zeigte mir die Räumlichkeiten, die damals sehr schwülstig eingerichtet waren, ganz dem Rotlichtmilieu angepaßt. Wir tanzten ausgelassen auf der Tanzfläche und zogen eine richtig kleine Show ab.

In den folgenden Jahren war ich noch öfter in dieser Bar. Auch Thomas und Judith haben inzwischen die *Ika-Stuben* kennengelernt.

Das *Camelot* aber, eine Diskothek auf St. Pauli, kannte Judith schon vor mir. Cathrin ist mit den Pächterinnen befreundet und mittlerweile Stammgast hier. Die Räumlichkeiten sind recht groß. Es gibt viel Platz zum Tanzen, aber auch zum Stehen an den beiden Bars. Nur Sitzgelegenheiten sind hier kaum zu finden. An Samstagabenden ist »Ladies-Night«, und es werden ausschließlich Frauen eingelassen. Mich nahm Cathrin an einem Freitag mit ins *Camelot*, einem Tag, der eigentlich für Männer reserviert ist und an dem Frauen nur so lange Zutritt haben, wie es der Platz erlaubt.
Wir hatten gerade noch einmal Glück gehabt – es war brechend voll. Die Musik dröhnte so laut, daß ein Gespräch kaum möglich war. Die Menschen drängten sich um die Bars oder tanzten. Gruppen von Männern und Frauen standen am Rand der Tanzfläche und versuchten, sich bei dem Krach zu unterhalten. Einige Paare flirteten miteinander. Wo war da der Unterschied zu einer »normalen« Disco, außer daß es sich um gleichgeschlechtliche Pärchen handelte?
Nach zwei Stunden verließ ich mit dröhnendem Kopf das *Camelot*, schwang mich in ein Taxi und entfloh in die Stille von Cathrins Wohnung. Für *mich* lag der Unterschied darin, daß ich schon fünfzig war – und nicht mehr siebenundzwanzig.

Die *Frauenkneipe* war in den siebziger Jahren, während der Blütezeit der Frauenbewegung, entstanden. Auffallend, aber für ein Frauenlokal wohl doch nicht so unüblich, ist das Fehlen einer separaten Herrentoilette. Cathrin kommt selten hierher, obwohl eine bekannte Zeitschrift diese Kneipe als *den* Lesbentreff in Hamburg bezeichnete. Ich war neugierig und wollte gern einmal einen Abend in diesem Lokal erleben. Meine Tochter warnte mich: »Es gefällt dir bestimmt nicht dort, du kriegst einen Schock.« Aber so schnell ließ ich mich nicht von meinem Vorhaben abbringen. An einem Freitagabend zogen wir los. »Hoffentlich ist dort heute keine SM-Party«, befürchtete Cathrin. Ich hatte viel mehr Angst, keinen Einlaß zu finden, falls die Türsteherin dort merken würde, daß ich nur eine Beobachterin war. Vor der Tür fiel uns dann auch noch ein, daß wir viel zu farbig angezogen waren. Zu spät: Nun waren wir da und wurden auch eingelassen.

Während Cathrin uns Drinks vom Tresen holte, sah ich mich um. Das Interieur war wirklich ein Überbleibsel aus der Hochphase der links-alternativen Frauenbewegung, aus den Kindertagen der Zeitschrift *Emma*. Allerdings: *Emma* hat sich weiterentwickelt, *hier* schien die Zeit stehengeblieben zu sein. Die Einrichtung wirkte auf mich weder besonders einladend noch gepflegt, was ja vielleicht auch gerade den Reiz dieser Kneipe ausmachen sollte. Überwiegend waren die Frauen schwarz gekleidet, zumindest aber dunkel. Viele sahen aus wie Motorradfans: Lederhosen, Lederjacken, Lederwesten, zackig kurze Haarschnitte, breitbeiniger Rockergang. Andere stammten wohl aus der Alternativszene. Es war kein Zusammentreffen vieler unterschiedlicher Frauen wie im *Camelot* oder in den *Ika-Stuben*. Doch die Stimmung war fröhlich. Glücklicherweise hatten wir einen ganz normalen Disco-Abend erwischt. Die Kneipe füllte sich, und bald standen Mutter und Tochter zwischen den anderen, dicht gedrängt am Eingang zur Tanzfläche. Eine Blumenverkäuferin bot ihre Rosen an. Cathrin erklärte mir, daß wirklich kein männliches Wesen diese Kneipe betreten darf, nicht einmal ein Taxifahrer oder ein Blumenverkäufer. Sollte sich doch mal ein Mann verirren, wird er sofort vor die Tür gesetzt.

Als wir die Frauenkneipe gerade verlassen wollten, bekam ich plötzlich fünf langstielige rote Rosen in die Hand gedrückt. Ebenso schnell, wie sie aufgetaucht war, verschwand die junge Spenderin auch schon wieder. Ich hörte nur noch die Worte: »Für die Mama.« Cathrin grinste: »Na, Mutter, du hast noch Chancen.« Ich verspürte die Röte in meinem Gesicht und freute mich über die spontane Geste.

Die *Frauenkneipe* hatte für mich ihren Schrecken verloren.

Das *endlich*, in das mich Cathrin auch einmal führte, entsprach so ganz meinem Geschmack. Dieses Frauencafé befindet sich in einem schönen Backsteingebäude in einem unter Denkmalschutz stehenden Stadtviertel. Die Inneneinrichtung ist dem äußeren Bild angepaßt.

Den beiden Besitzerinnen liegt daran, ihr Lokal Besinnlichkeit und ein gewisses intellektuelles Niveau ausstrahlen zu lassen. So versteht sich das *endlich* auch als Kulturcafé. Von der Autorinnenlesung über Kurse in »English Conversation for Women« bis hin zum Liederabend, der Disco-Night oder dem Flohmarkt – den Frauen wird ein reichhaltiges Programm geboten. Und auch hier gilt: Einlaß ist ausschließlich für Frauen.

Cathrin brachte mich an einem ganz normalen Abend hierher. Bei einem Glas Wein genossen wir die ruhige Atmosphäre, und ich hatte Muße, mir die anderen Gäste anzusehen. Das Publikum gefiel mir gut. Es war vom Alter her gemischt, für meinen Geschmack nett gekleidet, und ich vergaß völlig, daß ich bei überwiegend lesbischen Frauen saß. Und wie schon so oft kam mir der Gedanke: Warum müssen wir Menschen uns das Leben gegenseitig so erschweren, nur weil wir uns selbst immer in Kategorien wie *normal/unnormal* und *natürlich/unnatürlich* einzuteilen glauben. Gibt es eine dümmere Art, künstliche Hindernisse zwischen uns aufzubauen?

Im Café *Mistral* ist es nicht so besinnlich. Dieser Homosexuellentreff sieht eher wie eine italienische Bar aus: cool gestylt und mit wechselnden Kunstausstellungen. Am Mittwoch ist Frauentag, und Cathrin genießt dann häufig hier ihren Feierabend.

Mit mir besuchte sie das *Mistral* an einem Freitagabend. Gegen 22 Uhr bekamen wir gerade noch zwei Stehplätze neben einem Schwulenpärchen. Überwiegend trafen sich Männer an diesem Abend hier, aber auch einige Frauen hatten sich daruntergemischt. Cathrin wurde mit viel Hallo begrüßt und ich als Mutter willkommen geheißen. Unter den vielen unbekannten Gesichtern entdeckte ich auch ein paar vertraute von Schauspielern und Fernsehleuten. Die Stimmung war locker und heiter.

Im Laufe des Abends gesellte sich eine kleine Gruppe Männer und Frauen zu uns an den Stehtisch. Aus den lauten Gesprächen entnahmen wir, daß die Männer Schauspieler waren. Sie tranken viel, und ihre Unterhaltung ließ auf eine ganz bestimmte Denkweise schließen: Schubladendenken und nichts als Vorurteile. Ein älterer Herr versuchte mit Cathrin zu flirten, aber auf eine so platte Art, daß sie sich sehr zurückhaltend benahm. »Oh«, dachte ich, »das kann ja heiter werden. Mal sehen, wie das endet.« Mit meiner Prognose sollte ich gar nicht so unrecht haben.

Cathrin kaufte dem Blumenverkäufer eine wunderschöne Rose ab und schenkte sie mir mit ein paar netten Worten und einem zärtlichen Kuß. Bald darauf verschwand sie zur Toilette. Diesen Augenblick nutzte unser Nachbar, um mich in ein Gespräch zu verwickeln. Es gelang ihm auch mit einem Frontalangriff: »Finden Sie das hier auch so *schlimm*?« Ich ahnte, was er meinen könnte, stellte mich aber dumm: »Was meinen Sie mit *schlimm*?« – »Na ja, diese *schlimme* Atmosphäre.« Ich fragte zurück, welche *schlimme* Atmosphäre er denn meine und ob er mir das genauer erklären könne.

Prompt wurde er etwas weniger vorlaut und mied verlegen meinen Blick. »Ja, schauen Sie sich doch mal um! Wie die Männer hier so rumstehen. Die führen doch ein trauriges Leben. Das sind doch ganz arme Schweine. Meine Freunde und ich kommen ja nur hierher, weil das früher einmal unsere Stammkneipe war. Wie finden *Sie* das denn hier? Na ja, ich weiß ja nicht, wie Sie zu Ihrer Begleiterin stehen. Vielleicht ist das ja auch Ihre Lebensgefährtin?« Da hatte er aber etwas gesagt! Das war Wasser auf meine Mühlen! »Ja«, antwortete ich ganz langsam, »Sie haben recht. Das ist meine Lebensgefährtin . . . meine Tochter nämlich.«

Doch er hatte sich zu früh wieder beruhigt. Jetzt legte ich erst richtig los: »Aber meine Tochter trägt dann wohl auch zu dieser *schlimmen* Atmosphäre bei? Sie ist nämlich homosexuell und ganz zufrieden damit.« Das konnte er nun gar nicht verstehen. Als Cathrin an den Tisch zurückkam, bombardierte er sie auch gleich: »So eine hübsche junge Frau und kein Interesse an Männern? Da fehlt Ihnen doch etwas!« – »Was fehlt mir denn da?« fragte Cathrin unschuldig, und wir grinsten uns an. Dieser Mensch war so sehr von seiner kernigen Männlichkeit überzeugt, daß er gar nicht bemerkte, wie wir ihn auf den Arm nahmen. Er ließ nicht locker: »Aber jede Frau hat doch in ihrem Leben das Bedürfnis nach einem Mann und nach Kindern. Irgendwann wird das Gefühl auch bei Ihnen kommen, und dann?« – »Och«, entgegnete Cathrin, »das sehe ich nicht so tragisch. Wenn ich unbedingt ein Kind haben möchte, wäre das bei den heutigen Möglichkeiten kein allzu großes Problem. Wo bleibt aber das Muttergefühl bei all den heterosexuellen Frauen, die keine Kinder bekommen, geschweige denn einen festen Partner haben wollen?«

Das Gefecht ging noch eine ganze Weile hin und her. Am meisten ärgerte diesen vorurteilsbeladenen Herrn wohl, daß wir so selbstbewußt auf seine Argumente reagierten. Als Cathrin dann noch in keinster Weise Bedauern zeigte, daß sie noch nie mit einem Mann geschlafen hatte, wandte sich unser Gesprächspartner beleidigt und zutiefst in seiner männlichen Eitelkeit getroffen wieder seinen Stammtischfreunden zu. Wir beide aber freuten uns diebisch über die geschlagene Schlacht. Arm in Arm verließen wir das *Mistral* und zogen weiter in die nächste Bar.

Letzten Sommer, an einem wunderschönen Augusttag – Cathrin verbrachte einige Urlaubstage bei uns –, beschlossen wir spontan, wieder einmal alte Fotos anzuschauen. Wir schwelgten in Erinnerungen an gemeinsame Urlaube und Feste, und ich stellte fest, daß ich offenbar häufig mit Cathrin und ihren homosexuellen Freunden zusammen bin:

Da sind die Bilder aus dem sonnigen Süden. Braungebrannt und fröhlich lachend sitze ich zwischen ebenso heiter wirkenden Männern und Frauen. Außer mir sind sie ausnahmslos homosexuell. Aber ich sehe keinen Unterschied, weder im äußeren Erscheinungsbild noch im Umgang miteinander. Ich fühle mich wohl zwischen den jungen Leuten, die in verschiedenen Sprachen eine angeregte Unterhaltung führen und Spaß am Leben zeigen. Die Freundinnen und Freunde wiederum empfinden es als Anerkennung, daß ich ihre Gesellschaft suche und mich ihnen gegenüber so selbstverständlich und natürlich verhalte.

So denken auch Cathrins homosexuelle Bekannte aus Deutschland, die wir auf den Geburtstagsfotos der letzten Jahre sehen. Auch Thomas und Judith nehmen an fast allen Geburtstagsfeiern unserer Tochter und Schwester teil. In den ersten Jahren nach dem Coming-out hatte Cathrin immer noch ihren heterosexuellen Freundeskreis zu ihren Partys eingeladen. Mit der Zeit aber wurden diese Freundschaften problematisch. Cathrin hatte keine Lust mehr zu großen Erklärungen. Oft hatte ihr die heterosexuelle Clique das Gefühl vermittelt, ein exotisches Wesen zu sein. Freundschaften, in denen sie sich als gleichberechtigt und gleichwertig empfindet, sind ihr zur Zeit nur noch mit Homosexuellen möglich. Vielen anderen Lesben und Schwulen geht es genauso, was ich sehr schade finde. So erklärt sich auch das anfangs skeptische Verhalten einiger Menschen aus Cathrins Freundeskreis mir und meiner Familie gegenüber. Da der überwiegende Teil von ihnen Eltern und Verwandte haben, die von dieser Lebensform gar nichts oder nur das Nötigste wissen wollen, ist es nicht verwunderlich, daß sie sich erst einmal abwartend benehmen. Meistens aber ist der Bann schnell gebrochen, wenn sie hören, in welcher Form ich mich mit Homosexualität schon auseinandergesetzt habe und wie ich mich für die Anerkennung der homosexuellen Lebensform einsetze.

In dem Album entdecken wir auch Bilder von unserer Silberhochzeit und von Judiths Firmung. Zu der Zeit war Cathrin mit Annette liiert. Für uns war es selbstverständlich, daß sie an diesen Feiern teilnahm. Mir machte es manchmal richtig Spaß, unserer Verwandtschaft und unseren Freunden Annette als »Lebensgefährtin unserer Tochter« vorzustellen. Ich scheute mich da nicht und veranlaßte so manch einen Mitmenschen zum Nachdenken über eventuell vorhandene Vorurteile.

Schließlich sind da noch die Fotos vom letzten Punschtrinken zur Weihnachtszeit bei uns im Ort. Das ist ein schon traditionell gewordener Treffpunkt für das ganze Dorf. Cathrin nahm mit vier Freundinnen an einem Wochenende daran teil. Die kleine Gruppe fiel auf. Vielleicht, weil sie alle fünf sehr hübsch aussahen? Oder lag es an ihrer Ausgelassenheit? Oder war es die Einheit, die sie bildeten?

Beim Betrachten der Fotos stellten Cathrin und ich wieder einmal fest, daß wir ein harmonisches Familienleben führen und sich eine wunderbare Freundschaft zwischen uns entwickelt hat. Was spielt es da für eine Rolle, welches Geschlecht einer liebt? Ich hätte sicher nicht so viel erlebt und gelernt, wenn ich nicht – wie eine gute Freundin – meine Tochter Cathrin in die Szene begleitet und ihre Clique kennengelernt hätte.

Gedanken heute

Aids und die Folgen

Wer krank wird, hat selbst schuld! Seit Jahrhunderten gilt diese Korrelation zwischen Krankheit und Schuld, und sie reicht bis in unsere Zeit hinein. Auch wird uns seit Hunderten von Jahren der Glaube vermittelt, daß Krankheit eine Strafe Gottes für ein sündhaftes Verhalten sei. Dies verkünden einige Vertreter der Kirche heute immer noch, um sogenannte sündige Menschen zu Reue und Umkehr zu bewegen.

Spätestens seit dem Jahr 1985 beeinflussen regelrechte Horrorgeschichten über die Infektionskrankheit Aids unser Denken und Fühlen. Aids wird als Gottes Strafe für unsittliches Verhalten dargestellt oder aber als längst überfällige Sanktion für ein allzu freizügiges Sexualverhalten angesehen. Aids als »Lustseuche« also – eine Seuche, die Panik, Angst und archaische Reaktionen auslöst. Vor allem gegen Homosexuelle werden angesichts der Immunschwäche die absurdesten Vorurteile wieder zunehmend ausgespielt.

Schuld daran ist auch die Gesetzgebung – wenn nicht unbedingt in Deutschland, so doch in anderen Natio-

nen. Gegen Ende der achtziger Jahre war in der Tages-
presse zu lesen, daß in Schweden – einem gemeinhin
sehr sozialen und liberalen Land – Aidsinfizierte mit
»fahrlässigem Verhalten« in Kliniken zwangseingewie-
sen wurden. Als ob diese Freiheitsbeschränkung nicht
genügen würde, überlegte man auch, ob es nicht sinnvoll sei, in Zukunft HIV-infizierte Menschen auf abge-
legenen Gehöften zu internieren. Die Briten verab-
schiedeten ein Gesetz mit der zentralen Aussage, daß
Gruppen, die Homosexualität befürworten, keine öffentlichen Geldmittel mehr erhalten sollten. Und die
Volksrepublik China verbot der Übersichtlichkeit halber direkt jegliche sexuellen Kontakte zwischen Chi-
nesen und Ausländern, wobei in Zukunft besonders
homosexuelle Kontakte verfolgt werden sollten. Außerdem sollten die Behörden dafür sorgen, daß jeder Sexualverkehr außerhalb der Ehe unterbunden
werde . . . Offizielle Nachrichten dieser Art sind natürlich Wasser auf die Mühlen der Boulevardblätter, die
mit Schlagzeilen wie »Rache für Sittenlosigkeit« oder
»Vorsicht vor der Homopest« die zunehmende Stigmatisierung von Schwulen gerne fördern. So bleiben diese
Meldungen auch nicht ohne Folgen, und Homosexualität gilt verstärkt als anrüchig, pervers – ja sogar als
gemeingefährlich und lebensbedrohend.
Aids ist nicht die einzige Krankheit, mit der man sich
beim Geschlechtsverkehr infizieren kann, und auch nicht
die erste. Vielleicht ist die Angst vor Aids heute sogar
nicht einmal größer als früher die Angst vor Syphilis,

bevor Anfang dieses Jahrhunderts das Heilmittel Salvarsan entdeckt wurde, das nach dem Zweiten Weltkrieg von Penicillin abgelöst werden sollte. Viele Menschen, darunter manche historische Persönlichkeiten, sind am »harten Schanker« zugrunde gegangen. Mit Sicherheit fielen auch Homosexuelle dieser Krankheit zum Opfer. Aber das war damals nicht so auffällig, denn nur wenige bekannten sich öffentlich zum Schwulsein.

Aufgrund persönlicher Gespräche mit homo- als auch heterosexuellen Menschen und aus Berichten in sexualmedizinischen Zeitschriften weiß ich, daß die Angst vor Aids als nach wie vor unheilbarer Krankheit sehr groß ist. Sie trifft *scheinbar* nur ganz besondere Minderheiten, nämlich Schwule mit ihrer »perversen Triebhaftigkeit«. Plötzlich werden Sexualpraktiken, die auch in heterosexuellen Beziehungen üblich sind, als krankhaft und abscheulich verteufelt. Angeblich sind wir so frei, so aufgeklärt und kennen keine Tabus, und sollte jemand Hemmungen haben, so gilt er schon als sexuell verklemmt. Aber nun, da diese Krankheit aufgetaucht ist und überwiegend in Zusammenhang mit Homosexualität genannt wird, hört der Spaß auf, und die alte Sündenbockmentalität taucht wieder auf. Der sogenannte Normalbürger ist in seiner Phantasie oft fasziniert von der angeblichen Hemmungslosigkeit unter Schwulen, nach außen hin aber zeigt er seine moralische Entrüstung. Aids gibt diesen Heuchlern jetzt die große Chance, wieder nach Zucht und Ordnung zu rufen. Menschen, die sich heimlich an Hardcorepornos ergötzen, die sich in Peep-Shows vergnügen oder in billigen Landpuffs, die Callgirls in ihre Firma kommen lassen oder Sextourismus in Ländern der Dritten Welt praktizieren – diese »Biedermänner« mit ihrer doppelten Moral und ihren schmutzigen Phantasien nehmen sich das Recht, über homosexuelle Mitmenschen zu richten! Das nenne ich pervers.

Wir wissen heute, daß Aids sich auch anders verbreitet als durch den Sexualverkehr. Trotzdem werden Homosexuelle gebrandmarkt. In dem vielgelobten Film *Philadelphia* ist es wieder ein Schwuler mit Aids, der die Handlung bestimmt. Die schauspielerische Leistung der Darsteller ist zweifellos hervorragend, die Absicht des Autors ist sicherlich auch gut gemeint – trotzdem ärgert mich einiges an diesem Film. Es werden Klischeevorstellungen verbreitet anstatt Erklärungen geliefert. Zwar findet eine Entwicklung vom Vorurteil zum Verständnis und zur Toleranz statt, aber ich glaube, dieser Prozeß bleibt für viele Menschen ohne Vorkenntnisse schwer nachvollziehbar und kaum verständlich. Das entnahm ich jedenfalls den abfälligen Witzen und Gesprächen um mich herum. Außerdem wurden die bekannten Vorurteile insofern verstärkt, als sich in dem Film eine heterosexuelle Frau durch Blutübertragung und nicht durch Sex infizierte und somit auch nicht den gleichen Sanktionen wie der schwule Aidskranke ausgesetzt war. Gerührt und nachdenklich waren viele Kinogänger, mich eingeschlossen, dann allerdings zum Schluß von Philadelphia, als in einer Rückblende die Kindheit des verstorbenen jungen Mannes gezeigt wurde: Ein Mensch wird als unschuldiges Kind geboren, wächst wie jedes andere Kind auf, ist lebensbejahend und lebenstüchtig und wird schließlich allein aufgrund seines Sexualverhaltens verurteilt.

Seit Aids lasten Panik und Angst auf Partnerschaften homosexueller Menschen. Viele haben sich in die Einsamkeit zurückgezogen, fühlen sich verunsichert und verleugnen ihre Identität. Das schwule Selbstbewußtsein wurde getroffen, bevor es sich entwickeln konnte. Alltagsprobleme werden durch diese Krankheit verstärkt, und manch ein junger Mensch überlegt sich mittlerweile wieder sehr genau, ob er sich zu seinem Homosexuellsein bekennt, denn häufig ist Isolation die Folge. Und wer möchte schon wie ein Aussätziger behandelt werden?

Die Schrillen und die Lauten

Wenn Außenstehende etwas über Homosexuelle hören oder über sie sprechen, handelt es sich dabei überwiegend um die »Exoten« unter ihnen: die Schrillen, die Lauten und die Menschen aus dem Showgeschäft. Häufig werden durch das Auftreten dieser Homosexuellen die Vorurteile der Gesellschaft nicht abgebaut, sondern eher noch geschürt. Auch ich muß zugeben, daß es mir nicht leichtfällt, diese Gruppen mit Gelassenheit anzunehmen, und daß es mir hier an Toleranz fehlt. Die Medien ergreifen natürlich jede Gelegenheit, neue Geschichten in reißerischer Aufmachung zu verkünden, Wahrheit und Unwahrheit mit journalistischer Freiheit und Frechheit bunt durcheinandergewürfelt. Vielleicht muß es diese schillernden Figuren geben, um das Thema Homosexualität überhaupt publik zu machen. Meiner Meinung nach wäre eine sachliche Berichterstattung und Diskussion jedoch vorteilhafter. Gewisse Homosexuelle tendieren dazu, ihre sexuelle Orientierung wie eine Auszeichnung anzusehen und sich dementsprechend zu verhalten. Möglicherweise aus einer Art Trotzhaltung, aus dem Bedürfnis heraus, die »heterosexuellen Spießer« erst recht zu schockieren, kultivieren sie ihr Anderssein und stilisieren es hoch, bis sie als etwas absolut Besonderes dastehen. Im Zweifelsfall verraten sie sich selbst dabei und schaden zudem den bescheidener auftretenden Homosexuellen. So tragen auch die Frauen, die sich selbst als »Kopf-Lesben« bezeichnen, meiner Ansicht nach nicht gerade dazu bei, daß Homosexualität als natürliche Lebensform anerkannt wird. Diese Frauen behaupten, durch Nachdenken zu einer lesbischen Lebensweise gelangt zu sein. Negative Erfahrungen mit Männern und der starke Einfluß der Frauenbewegung haben sie »aus politischen Gründen« dazu veranlaßt, ihre heterosexuelle Lebensform aufzugeben. Häufig unterstreichen diese Lesben ihre Protesthaltung dann auch durch eine betont männliche Kleidung und Frisur, wodurch sie den Vorurteilen weiblichen Homosexuellen gegenüber wieder kräftig Nahrung geben.

Auch der schwule Regisseur Rosa von Praunheim hat mit seinem »Outen« von Schwulen und Lesben in Fernsehsendungen und Zeitschriften mit Sicherheit niemandem einen Gefallen getan. Er hat das Gegenteil bewirkt und eine Schmutzlawine losgetreten. War doch der Kampf um mehr Toleranz immer das Hauptziel von Schwulen und Lesben gewesen, so war seine Aktion zutiefst intolerant. Er erhoffte sich von einer Öffentlichmachung wohl eine Entdiskriminierung in der Gesellschaft. In Wirklichkeit aber verstärkten sich die gesellschaftlichen Vorbehalte, und diese Minderheit wurde noch weiter an den Rand gedrängt.

Meiner Meinung nach ist das »Outen« von Homosexuellen gegen ihren Willen unmenschlich und dumm. Wer sich anmaßt, andere so an den Pranger stellen zu können, leidet unter Selbstüberschätzung. Mutig finde ich es hingegen, wenn Prominente sich offen zu ihrer homophilen Neigung bekennen. Es gibt anderen die Kraft, mit dem gleichen Selbstverständnis ihr Homosexuellsein zu leben.

Als nicht ganz so laut und vor allem nicht so hinterhältig wie Rosa von Praunheim empfinde ich die Komikerin und Showmasterin Hella von Sinnen. Aber auch sie trägt durch ihr schrilles Auftreten nicht unbedingt dazu bei, unserer Gesellschaft die homosexuelle Lebensweise ernsthaft verständlich zu machen und nahezubringen. Aufgrund ihrer flapsigen Art und spitzzüngigen Ausdrucksweise traut man ihr kaum eine seriöse Diskussion zu. Sicherlich ist primär ihre Rolle im Beruf verantwortlich für ihr grelles Image. Privat wird Frau von Sinnen auch ihre ernsthafte Seite haben. Aber selbst in Talk-Shows habe ich sie immer als einen sehr emotionalen und selten sachlichen Menschen erlebt. Ich mag diese Frau als Unterhaltungskünstlerin und schätze ihren Humor. Ob sie aber wirklich geeignet ist, das Zugpferd für die Durchsetzung eines neuen Ehegesetzes darzustellen? Die Verquickung von der Ulknudel Hella von Sinnen mit der Privatperson und Lebensgefährtin von Cornelia Scheel ist einfach zu groß. Die Gesellschaft sieht in erster Linie die aufreißerische Außenseiterin, die für eine »moralisch nicht vertretbare« Sache kämpft.

Homosexuelle Menschen in öffentlichen Ämtern wie Politik und Kirche hätten da wohl größere Chancen als eine schrille Showmasterin, ein solches Verlangen glaubhaft zu vertreten. Wo sind sie?

Die verdeckten Homosexuellen

Genauso wie ich es verkehrt finde, wenn Schwule durch ein extrem »tuntenhaftes« Gehabe oder Lesben durch manifestierte Unweiblichkeit ihr Homosexuellsein unter Beweis stellen müssen, halte ich es für falsch, wenn daraus krampfhaft ein Geheimnis gemacht wird. Vor allem, wenn in der Tat diese Homosexuellen durch ihren Beruf oder ihr Ansehen in der Öffentlichkeit erreichen könnten, daß einmal ohne Vorbehalte über Homosexualität nachgedacht wird.

Helga ist für mich so ein Fall. Sie ist Pastorin in einer kleinen niedersächsischen Gemeinde. Wir begegneten uns bei einer Familienfeier. Da meine Tante mir einmal erzählt hatte, daß Helga Frauen liebt, verabredete ich mich mit ihr zu einem Gespräch. Zunächst verhielt sie sich sehr zurückhaltend und beobachtete mich aufmerksam. Aber im Laufe des Gesprächs bekam sie offenbar das Gefühl, mir doch vertrauen zu können, und taute allmählich auf. Die Pastorin erinnerte mich ein wenig an meine Großmutter. Mitte Fünfzig, gutmütige Ausstrahlung, etwas argwöhnisch, hellwach und humorvoll.

Es war Sommer, wir saßen in dem wunderschönen, parkähnlichen Garten des Pastorats und sprachen über Homosexualität. Doris gesellte sich zu uns. Sie ist Helgas Freundin und genau das, was sich der sogenannte Normalbürger unter einer Lesbe vorstellt: kurze Haare, Männeranzug, Lederschlips, burschikose Stimme, männliche Gestik. Als Lesbe oder homosexuelle Frau will Helga nicht angesehen werden. Sie sagte zu mir: »Ich liebe einen Menschen, und es geht niemanden etwas an, *wen* ich liebe.« Diese vorsichtige Ausdrucksweise ist aus ihrer Sicht wohl verständlich. Zwar werden homosexuelle Frauen und Männer in der Kirche geduldet, aber nur, solange sie ihre Neigung nicht publik machen. Das Zusammenwohnen gleichgeschlechtlicher Paare in Pfarrhäusern ist nicht gestattet.

Helga und Doris wurden anonym diffamiert. So stand eines Tages ohne Vorankündigung eine Abordnung der Landeskirche vor der Tür, die aus drei Männern bestand. Die Pastorin wurde regelrecht verhört. Die Kirchenvertreter durchsuchten das ganze Haus. Sie durchstöberten sogar das Bad und im Schlafzimmer Bett und Schränke, weil sie hofften, dort Hinweise auf eine Lebenspartnerin zu finden. Da Doris überwiegend in ihrer eigenen Wohnung lebt und selten persönliche Habseligkeiten bei Helga aufbewahrt, mußten die Herren erfolglos wieder abziehen. Eine traurige, menschenverachtende Begebenheit.

Ich respektiere Helgas Zurückhaltung in der Aussage

über ihre Lebensgemeinschaft. Trotzdem kritisiere ich ihr Versteckspiel. Es unterstützt das Stigma der *verbotenen Liebe*. Kirchengemeinde, Freunde und Verwandte wissen von ihrer homosexuellen Beziehung und nehmen sie stillschweigend und tolerierend hin, oder aber sie denken vielleicht auch nur: »Wenn sie uns nicht verführt, kann sie machen, was sie will. Sie ist ja bis jetzt immer eine recht gute Pastorin gewesen.«

Gerade Menschen in kirchlichen Berufen wie Helga, die Nächstenliebe, Großmut und Ehrlichkeit predigen, müssen der Gesellschaft die Möglichkeit geben, sich an die verschiedenen Formen von Liebe zu gewöhnen, sie akzeptieren zu lernen. Als Pastor oder Pastorin gehört natürlich viel Mut und Selbstwertgefühl dazu, das eigene Homosexuellsein zu leben, da es das Risiko birgt, ausgeschlossen zu werden.

Der ehemalige Rektor der deutschen Franziskanerhochschule in Münster und angesehene Professor für Pastoraltheologie, Titus Neufeld, hat einmal gesagt: »Ich kann es nicht länger ertragen, daß in der Kirche geschwiegen wird, wenn Menschen einander Grausames antun, daß Offizielle aber entsetzt aufschreien, wenn Menschen sich lieben. Hier tut Widerstand und Verweigerung not.« Woraufhin er sein Priestergewand, die Franziskanerkutte und den Professorentalar an den Nagel hing, um mit seinem Freund einen gemeinsamen Hausstand zu gründen.

Wenn alle homosexuellen Angehörigen der Kirche ähnlich handeln würden, wären Pastoren und Pastorinnen bald Mangelware. Das ist nicht wünschenswert, aber vielleicht brächte es die Verantwortlichen aller Konfessionen zum Umdenken.

Hartmut und Ilse leben in einer mittelgroßen Stadt, in der sie beide auch aufgewachsen sind. Ich lernte Ilse auf einer Vernissage kennen, und wir freundeten uns an. Hartmut stammt aus einer bekannten, angesehenen Familie der Stadt, arbeitet als Innenarchitekt in einem Einrichtungshaus und malt in seiner Freizeit, während Ilse aus bescheidenen, kleinbürgerlichen Verhältnissen kommt und heute Geschäftsführerin einer Kneipe ist. Für sie war es ein Privileg, vor zwanzig Jahren in diese Familie hineinheiraten zu dürfen. Die beiden haben keine Kinder, wohl auch deshalb, weil Hartmut viele Jahre Alkoholiker war und für die sehr fürsorglich veranlagte Ilse das Kind ersetzte. Sie führen nach außen eine harmonische Ehe, ihr Sexualleben aber ist seit einigen Jahren ein Chaos, worunter besonders Ilse leidet. Sie ist eine rundliche, sehr sinnliche Frau, die Sexualität als wichtigen Bestandteil einer Partnerschaft ansieht. Hatten die beiden am Anfang ihrer Ehe eine gute sexuelle Beziehung, so wurde sie im Laufe der Ehejahre immer verkrampfter, bis sie ganz abbrach. Ilse, die ihrem Mann erfolgreich half, vom Alkohol wegzukommen, suchte nach und nach selbst immer häufiger Trost bei dieser Droge. In kritischen Situationen erlebte ich sie oft betrunken. Eine Abhängigkeit aber stritt sie ab.

Ilse kannte meine lesbisch lebende Tochter und wußte

von meiner Beschäftigung mit dem Thema Homosexualität. Sie stellte mir viele Fragen dazu, ohne zunächst ihr Interesse zu begründen. Dann aber erzählte sie immer häufiger von Hartmut. Sie hatte bemerkt, daß er weicher, femininer und sensibler wurde. Sie erlebte, daß er immer weniger belastbar war. Auch beobachtete sie, daß er abends gern ausgedehnte Spaziergänge mit dem Hund über den alten Stadtfriedhof machte, einen bekannten Schwulentreffpunkt. Außerdem verbrachte er oft die Nächte in seinem weit außerhalb des eigenen großen Hauses liegenden Atelier und wollte nicht durch sie gestört werden. Er legte zunehmend Wert auf exquisite Kleidung, verbrachte Stunden im Bad und vor dem Spiegel.

Diese Beobachtungen und der fehlende Sexualverkehr waren dann für Ilse, auch auf meinen Rat hin, der Anlaß, ihren Mann vorsichtig nach eventuell vorhandenen homosexuellen Gefühlen zu fragen. Sie bekam aber nur Protest zu hören und ausweichende Antworten. Hartmut wirke auf mich zunehmend ängstlicher, abweisender und trauriger. Auf meine Person reagierte er oft gereizt und empfindlich, und er distanzierte sich immer mehr von mir. Ich vermutete, daß er große Angst hatte, ich könnte von seinem inneren Kampf wissen, dem Kampf zwischen homosexuellen Gefühlen und dem Wunsch nach einem bürgerlichen heterosexuellen Lebensstil.

Der emotionale Abgrund zwischen Ilse und ihrem Mann wurde im Laufe der Zeit immer größer. Ilse wurde unzufriedener und wirkte häufig verstört. Sie versuchte, ihre Unsicherheit und ihre Verletztheit mit immer neuen sexuellen Abenteuern zu kompensieren. Eine Art Ventil waren für sie auch die zahlreichen Gespräche mit einer Freundin, die sich in der gleichen Situation befand wie sie. Aber mit ihrem Mann offen und unvorbelastet zu sprechen, das schaffte Ilse nicht. Hartmut hat bis heute seine Homosexualität nicht zugegeben.

Dies ist nicht immer so. Es gibt Ehemänner und Familienväter, die sich zu ihrem Schwulsein bekennen. Ich habe mehrere von ihnen bei Fernsehauftritten erlebt und Zeitungsinterviews mit ihnen gelesen. Immer wieder beschrieben sie dort, daß sie in jungen Jahren ihre homosexuelle Veranlagung nicht erkannten oder zunächst erfolgreich verdrängten, um dem konventionellen Bild des Mannes zu entsprechen.
Wenn diese Männer sich während der Ehe dann dazu entschlossen haben, ihre Homosexualität offen vor sich und anderen einzugestehen, um sie dementsprechend auch zu leben, verdient das Hochachtung. Ich möchte die Zweifel und Qualen, die einem solchen Bekenntnis vorausgehen, nicht durchstehen müssen. Und wenn diese Männer außerdem noch guten, freundschaftlichen Kontakt zu ihren Familien haben, so habe ich auch größten Respekt vor den Ehefrauen und Kindern. Es ist sicherlich alles andere als einfach, das Comingout des Familienoberhaupts mitzuerleben und die Konsequenzen mitzutragen.

Kein Verständnis habe ich für homosexuelle Familienväter, die im Alltag brav ihren Ehegatten- und Vaterpflichten nachkommen, aber jede Gelegenheit ergreifen, um ihr Schwulsein heimlich auszuleben. Ich habe derartige Fälle mehrmals auf Sylt beobachten können, einer Insel, die für ihre freien Lebensformen bekannt ist.

Es gibt dort einen Strandabschnitt, an dem sich überwiegend Homosexuelle treffen. Auch verheiratete Männer leben hier ihre homosexuellen Gefühle aus. Brav wandern diese Männer im Sommer morgens mit Frau und Kindern an den Hauptstrand. Pflichtbewußt wird der Angetrauten der Rücken eingecremt, Federball mit dem Ältesten am Strand gespielt und mit der Jüngsten im Priel geplanscht. Spätestens nach ein, zwei Stunden ist eine zunehmende Unruhe bei dem jeweiligen Herrn zu bemerken, und tatsächlich verschwindet er dann auch bald auf einen längeren Spaziergang. Manchmal behauptet er auch, joggen zu gehen, damit bloß niemand auf die Idee kommt, ihn begleiten zu wollen. Diese Ausflüge werden zum täglichen Urlaubsritual, das keinem Familienmitglied mehr als merkwürdig auffällt. Wenn der *Paterfamilias* dann nach ein paar Stunden wieder gutgelaunt und ausgeglichen bei seinen Lieben erscheint, ahnt niemand, daß er die Zeit seiner Abwesenheit an besagtem Strandabschnitt verbracht hat. Häufig setzt er dieses Ritual am Abend fort, um sich mit Freunden in Homosexuellenbars zu treffen.

Ich erzähle diese Geschichte, weil ich solche Männer

kennengelernt und – noch öfter – beobachtet habe. Einerseits verurteile ich ihr Verhalten und halte sie für feige, andererseits tun sie mir einfach nur leid. All die Kraft und schauspielerische Leistung, die sie aufwenden müssen, um ihr Doppelleben zu gestalten! Es muß schwierig sein, immer in Angst vor Entdeckung zu leben, sich selbst zu blockieren und so unter Streß stehen zu müssen.

Wenn das verlogene Spiel dieser Männer dann eines Tages auffliegt, ist die Reaktion der meisten Ehefrauen nicht verwunderlich: Sie fühlen sich hintergangen und betrogen – und vor allem tief getroffen in ihrem Selbstverständnis als Frau. Häufig rächen sie sich mit dem Entzug der Kinder. Für viele schwule Väter ist es das allerschlimmste, keinen oder nur wenig Kontakt zu ihren Töchtern und Söhnen haben zu dürfen. Um nicht auf ihr gesamtes soziales Umfeld verzichten zu müssen, verharren sie demnach oft in diesem Doppelleben und leiden.

Es gibt in der Praxis offenbar wenige Fälle, in denen nach einem Coming-out von Vater oder Mutter eine glatte, für alle Betroffenen zufriedenstellende Lösung gefunden wurde. Dabei müssen Homosexualität und eine Ehe mit Kindern einander nicht *naturgemäß* ausschließen. Bis zu 10 Prozent aller Männer etwa haben Experten zufolge eine homosexuelle Veranlagung, und mindestens jeder dritte von ihnen ist verheiratet. Ein würdiges und harmonisches Zusammenleben von einem Homosexuellen mit seiner Familie aber ist nur da möglich, wo es auf Offenheit, Toleranz und Vertrauen aufgebaut ist.

Damit tragen diese Homosexuellen dazu bei, Homosexualität ein weiteres Stück Normalität zu verleihen und sie weiterhin »gesellschaftsfähig« zu machen. Die verdeckten Homosexuellen aber fördern durch ihr Verhalten die Stigmatisierung von Schwulen und Lesben.

Erziehung und Sexualaufklärung

Seit vielen Jahren begleitet mich der Ausspruch des Philosophen Søren Kierkegaard: »Wir Menschen kommen mit einem besiegelten Auftrag zur Welt.« Und seit ebenso vielen Jahren bemühe ich mich herauszufinden, welchen Auftrag *ich* habe.

Einen Teil meines Auftrages sehe ich mittlerweile darin, als Mutter meine Kinder zu zufriedenen, lebensbejahenden und kritischen Menschen zu erziehen. Und wenn nun eines meiner Kinder eine mir fremde Lebensweise anstrebt, bemühe ich mich, diese zu verstehen und zu tolerieren. Dafür ist es notwendig, sich mit allen Facetten dieser anderen Art des Lebens auseinanderzusetzen. Das habe ich getan.

In dem Kapitel über die Erinnerungen an meine eigene Prägung spreche ich über meine Sexualerziehung und über die ganz bestimmten Wert- und Normvorstellungen, mit denen ich aufgewachsen bin und die mich geformt haben. Einige dieser Verhaltensweisen und Normen habe ich schon als Kind und Jugendliche in Frage gestellt. Meine Großmutter, die ich sehr liebte, war daran nicht ganz unschuldig. Sie hatte in manchen Dingen eine andere Lebensanschauung als der übrige Teil der Großfamilie und eckte damit häufig nicht nur in der Verwandtschaft an. Meta war ein großherziger Mensch, der gerne gab. So verhalf sie etwa während des Krieges polnischen Zwangsarbeitern, die im Betrieb meines Großvaters arbeiteten, zu einem menschlicheren Dasein und ging dafür ins Gefängnis. Oder sie kümmerte sich um die Flüchtlingsfamilien in ihrem Haus und nahm an ihrem Leben teil. Auch war sie besorgt um ihre Enkelkinder und setzte sich besonders häufig für mich, ihre älteste Enkeltochter, ein, wenn meine Eltern mich ihrer Meinung nach zu hart bestraft hatten. Ich fühlte mich von ihr beschützt und hatte großes Vertrauen zu ihr. Sie starb viel zu früh. In meinen Erinnerungen aber lebt sie weiter als unerschrockene, starke, lebensbejahende Frau, die vor allem im Umgang mit anderen für mich ein großes Vorbild darstellt.

Dementsprechend hat sie auch mein soziales Verhalten mit geprägt, denn Kinder ahmen das Verhalten der Erwachsenen und ihrer Umwelt nach, wie auch die Sozialisation des Kindes, also seine spätere Gemeinschafts- und Liebesfähigkeit, in der Familie beginnt. Sie gelingt am besten, wenn das Kind sich von Geburt an in Liebe und Fürsorge behandelt fühlt. Das Urvertrauen zu Eltern und Umwelt muß hergestellt sein und darf nicht erschüttert werden, sonst können sich im späteren Leben ebenso Erziehungsschwierigkeiten wie Probleme mit der Sexualität ergeben. Ein Kind ist von

Beginn seines Lebens an dem Einfluß ganz bestimmter Werturteile ausgesetzt, die in den ersten Lebensjahren überwiegend durch die Familie definiert werden.

Einige dieser Vorstellungen meiner Eltern und der Gesellschaft habe ich akzeptiert, lebe sie und gebe sie auch weiter an meine Kinder. In der Sexualerziehung und im Verhalten von Eltern und Kindern zueinander aber habe ich andere Ansichten und beschreite andere Wege. Als ich mit meinem Mann eine Familie gründete, hatte ich den Wunsch, daß sich meine Kinder frei entwickeln können. Ich wollte alles daransetzen, ihr Vertrauen zu erhalten und es nie zu zerstören. Ein harmonisches, vertrauensvolles Miteinander zwischen mir und meinen Kindern war mein erklärtes Ziel. Dazu war es nötig, eine vertraute, angstfreie Atmosphäre zu schaffen, und zwar insbesondere bei der Sexualaufklärung.

Diese hatte und hat für mich einen großen Stellenwert. Unter Sexualität verstehe ich mehr als reinen Geschlechtsverkehr, denn sie umfaßt unsere ganze Sinnlichkeit und ist von Geburt an wirksam. Schon ein Baby empfindet Lust bei der Nahrungsaufnahme durch das Saugen an der Mutterbrust. Das Kleinkind erlebt später beispielsweise das bewußte Entleeren und Zurückhalten von Stuhl und Urin als Lustgefühl. Noch später entdeckt schließlich das Kind seinen eigenen Körper und genießt es, ihn zu berühren und zu streicheln. Jeder Mensch durchlebt diese Phasen der Entdeckung. Und Eltern tragen dazu bei, ob diese Sexualneugier als natürlich oder unnatürlich angenommen wird.

Ich gehe davon aus, daß die Sexualität eine positive Lebensenergie ist. Sie ist Antrieb für viele Verhaltensweisen, die nicht unbedingt als »sexuell« zu bezeichnen sind. Sie ist ein wichtiger Faktor für zwischenmenschliche Beziehungen, und keine Kommunikation kommt ohne sie aus. Sexualität ist für mich nicht reduziert auf den Genitalbereich, auf den Koitus zwischen Mann und Frau. Zu ihr gehören auch Cunnilingus, Fellatio, Analverkehr, Masturbation und viel Zärtlichkeit. Sie umfaßt unsere ganze Sinnlichkeit, und dementsprechend gehören auch alle fünf Sinne dazu. Sexualität beinhaltet soziale, körperliche und seelische Aktivitäten. Das Bedürfnis nach Nähe, Liebkosung, Kontakt und Lusterfüllung steht im Vordergrund, und jeder Mensch hat ein Anrecht darauf. Reiner Geschlechtsverkehr mit dem alleinigen Ziel des Orgasmus ist nicht das höchste der Gefühle, Fortpflanzung nur *eine* Funktion der Sexualität.

Ich habe während der Erziehung meiner Töchter darauf geachtet, ihnen die Sexualität in ihrer Gesamtheit nahezubringen. Ihre Fragen zu diesem Thema habe ich ihnen ihrem Alter entsprechend beantwortet, unterstützt von Bilderbüchern, Geschichten und Fachliteratur. Ein Klapperstorch, zum Beispiel, hat bei uns nicht die Babys gebracht. Ich erklärte meinen Mädchen aber trotzdem dieses Märchen, das viele Mütter ihren Kindern erzählen. In unserem Haus waren immer Jungen und junge Männer zu Gast, und es gab bei uns nie, auch nicht während der Pubertät, ein Verbot. Meine Töchter waren deswegen weder frühreif, noch gingen sie verantwortungslos mit ihrem Wissen um. Sie entwickelten Einfühlungsvermögen und Verständnis für ihre Partnerinnen oder Partner. Sie bekamen auch ein verantwortungsvolles Gefühl dafür, ob und wann sie mit jemandem Sex haben wollten. Ich war bei beiden Kindern über den Zeitpunkt ihres ersten Geschlechtsverkehrs erstaunt. In der heutigen Zeit und im Gegensatz zu vielen anderen Jugendlichen war er relativ spät gewählt. Aber vielleicht bewirkte dies auch die offene Umgangsweise mit dem Thema »Sexualität«. Sie wurde im Laufe ihrer Entwicklung zu einem natürlichen Bestandteil im Leben meiner Töchter. Sie brauchten vor mir nichts zu verheimlichen, mußten keine Sanktionen erwarten und hatten in mir immer eine Ansprechpartnerin. In vielen Gesprächen habe ich meinen Kindern geholfen, ihre Gefühle, Wünsche und Probleme zu verbalisieren. Nur durch das Reden über Sexualität können Vorurteile und irrationale Vorstellungen abgebaut werden, außerdem hilft es, eine tolerante Einstellung gegenüber sexuellen Minderheiten zu entwickeln.

Mein Ziel, die sexuelle Emanzipation meiner Töchter zu fördern, habe ich weitestgehend erreicht. Diese Erziehungsform zielt nicht nur auf sexuelle Selbstverwirklichung hin, sondern vor allem auf die Überwindung einer traditionellen, unterdrückenden Moral und auf die Befreiung von Fremdbestimmung und Außenlenkung in allen Bereichen des gesellschaftlichen Lebens. Dabei lag die Hauptarbeit der Erziehung in meinen

Händen. Wie so viele Männer hat auch mein Mann sich möglichst vor dieser Verantwortung gedrückt. Er hatte einerseits eine vom Katholizismus geprägte, konservative, manchmal fast patriarchalische Einstellung, und andererseits handelte er oft inkonsequent. Gegen diese Art der Erziehung wehrte ich mich, weil sie mich teilweise an meine eigene erinnerte. Es gab in den ersten Jahren häufig Auseinandersetzungen zwischen uns, bei denen ich mich meistens durchsetzte. Wir haben unsere inzwischen erwachsenen Töchter zu offenen, toleranten, kritikfähigen und lebensbejahenden Menschen erzogen und freuen uns über ein harmonisches Miteinander. Das soll nicht heißen, daß es in unserer Familie keine unterschiedlichen Meinungen gibt. Wir sind Menschen mit individuellen Wesenszügen, also auch mit Schwächen und Fehlern. Im Laufe unseres Zusammenlebens aber haben wir gelernt, dem anderen aufgeschlossen und verständnisvoll zu begegnen. Meine Bemühungen, immer den ganzen Menschen zu sehen, haben dazu beigetragen, andere Kulturen, Hautfarben, Religionen sowie Minderheiten zu achten. Diese Einstellung hat *mir* geholfen, meine Tochter in ihrer homosexuellen Lebensweise anzuerkennen.

Oberstes Gebot hat bei uns in der Familie immer geheißen: »Es gibt keine Tabuthemen.« Jeder hat die Freiheit, alles auszusprechen, was er denkt und fühlt. Wir reden über alles, wir streiten und diskutieren. Wir einigen uns oder finden Kompromisse. Es klappt zwar nicht immer, aber wir sind uns nicht lange böse, und wir verhalten uns nicht nachtragend. Natürlich können und wollen auch wir nicht alles voneinander wissen. Es gibt Dinge, die vor allem Heranwachsende gern für sich behalten. Auch meine Kinder versuchen, Probleme erst einmal für sich zu lösen. Sie wollen uns mit ihren Schwierigkeiten nicht belasten. Es ist aber auch notwendig zu lernen, Probleme zu erkennen, mit ihnen umzugehen, sie zu lösen und gegebenenfalls mit ihnen zu leben.

Als ich damals bei Cathrin erste Anzeichen für ihre homosexuellen Neigungen wahrnahm, war meine Betroffenheit groß. Anders als heute, da ich ihre Homosexualität als vollkommen gleichwertig mit Judiths Heterosexualität betrachte, fand ich ihr Lesbischsein auch nicht »normal«. Ich hatte Angst vor den Reaktionen der anderen, vor ihren Norm- und Wertvorstellungen, die so etwas nicht zulassen würden. Dadurch, daß ich das »Problem« – denn ein solches war Cathrins Homosexualität anfangs schon für mich – nicht verdrängte, sondern annahm und mich mit ihm auseinandersetzte, veränderte sich die Gewichtung bald. Das Problem bestand nun in den Vorurteilen von Cathrins Umwelt, *darüber* machte ich mir jetzt Sorgen. Wie würde die Gesellschaft mit der Veranlagung meiner Tochter umgehen, und wie würde sie sie behandeln?

Mein Wunsch ist es, Cathrin gesund, zufrieden und glücklich zu erleben. Dazu war und ist es notwendig, ihr Selbstvertrauen und ihr Selbstbewußtsein zu stärken. Dies habe ich vor allem durch viel Liebe zu erreichen versucht und indem ich ihr immer wieder Unterstützung gebe und das Gefühl vermittle, daß ich sie so annehme, wie sie ist. Viele Eltern, Geschwister und Verwandte versagen an diesem Punkt: Die einen schließen ihre Kinder aus dem Familienverband aus, andere ignorieren die sexuelle Lebensweise ihres Kindes. Wieder andere versuchen zwar, ihr Kind anzunehmen, lassen aber doch immer wieder durchblicken, daß sie nicht begreifen, warum ihr Sohn oder ihre Tochter ihnen das antut.

Ich kann nicht verstehen, warum für viele Menschen die Meinung des gesellschaftlichen Umfeldes wichtiger ist als das Wohl ihrer Töchter und Söhne. Mir steht mein Kind am nächsten, viel näher als Nachbarn, Freunde, die Kirche oder Politiker. Und für mich ist mein Kind eben *so* und *nicht anders*.

Schlußbetrachtung

Die sogenannte öffentliche Meinung hat in Vergangenheit und Gegenwart den homosexuellen Menschen mißachtet. Betroffen macht mich, daß es im 20. Jahrhundert in unserem Kulturraum immer noch nicht möglich ist, den Menschen mit allen Lebensformen – insbesondere im Bereich der Sexualität – anzuerkennen und das, was von der Regel abweicht, nicht zu bestrafen. Albert Einstein hat treffend dazu gesagt: »Wenige sind imstande, von den Vorurteilen der Umgebung abweichende Meinungen gelassen auszusprechen; die meisten sind sogar unfähig, überhaupt zu solchen Meinungen zu gelangen.«

Es hat Fortschritte im Bereich der Technik und der Wissenschaft gegeben, aber kaum im menschlichen Miteinander. In allen Zeiten war es so, daß Mehrheiten aus Angst und Unsicherheit sich Normen und Vorurteilen anschlossen, um sich nicht der Unbequemlichkeit zu stellen, eigene, vertraute Lebensanschauungen zu gefährden. Dabei kann daraus doch nur Bereicherung entstehen. Nur in Freiheit kann man wachsen und einen neuen Status finden. Die Freiheit des einen muß aber auch die Freiheit des anderen sein!

Im Zusammenhang mit Homosexualität bedeutet dies auch Gleichberechtigung. Jegliche Form von Diskriminierung gegenüber Schwulen und Lesben muß unterbleiben. Homosexualität muß als normal *und* natürlich angesehen werden.

Der bekannte Talkmaster Alfred Biolek konterte die – eigentlich unverschämte – Frage, ob es stimme, daß er homosexuell sei, einmal mit dem Ausspruch: »Mich hat noch nie jemand gefragt, ob ich atme. Warum soll ich darauf antworten, ob ich homosexuell bin? Es ist ebenso natürlich!«

Als ich mich entschlossen habe, dieses Buch zu schreiben, stand der Wunsch dahinter, Ausgrenzungen zu beenden. Ich wollte meinen Beitrag zum Dialog und zum Miteinander leisten und die Gegner dieser liberalen Denkweise zum Nachdenken anregen.

Insbesondere wollte und will ich durch die Veröffentlichung von Cathrins und meiner Geschichte die Eltern homosexueller Kinder erreichen. Zwar ist es nicht in meinem Sinne, andere Eltern mit erhobenem Zeigefinger zu maßregeln und moralischen Druck auf sie auszuüben, denn meine Art und Weise, mit der Homosexualität von Cathrin umzugehen, entspricht meiner ureigenen Persönlichkeit und ist nicht unbedingt übertragbar. Ich möchte aber, daß Eltern durch dieses Buch die von der Gesellschaft diktierten Werte in Frage stellen lernen. Ich möchte, daß sie die Doppelmoral hinter vielen angelernten Verhaltensweisen durchschauen und sich kritisch damit auseinandersetzen, *warum* sie ihre Kinder nicht so annehmen können, wie sie sind.

Ich möchte erreichen, daß von Kindheit an zum *Miteinanderleben* und nicht zum *Gegeneinanderleben* geführt wird, damit sich eine Gesellschaft entwickeln kann, die das Individuum sieht und nicht spezifisch Frau oder Mann, Schwarzen oder Weißen, Arbeiter oder Akademiker, Christ oder Buddhist.

Deshalb sollen sich hier auch die Eltern heterosexueller Kinder angesprochen fühlen. Und alle, die mit Menschen umgehen: Lehrer, Psychologen, Theologen, Ärzte, Soziologen, Politiker. Sie alle müssen dazu beitragen, die Mauern in den Köpfen einzureißen und das Schubladendenken abzubauen. Sie müssen der Verantwortung, die sie tragen, gerecht werden und ihren Kindern, Schülern und Patienten, ihrer Kirchengemeinde oder ihrem Wahlkreis beibringen, ihren Nächsten einfach nur als Menschen anzunehmen.

Für mich bedeutet das *Liebe*. Ich verstehe diesen Begriff nicht allein im Kontext mit Sexualität, wie es so häufig in unserem westlichen Kulturkreis geschieht. Für mich ist die Bezeichnung Liebe umfassender. Es geht mir hierbei um die Zuwendung zur Welt – zum Menschen wie zur Natur. Es geht um Empathie und nicht nur um Geschlechtsverkehr und Fortpflanzung. In diesem Sinne kann es viele Arten von Liebe geben, auch die gleichgeschlechtliche Liebe oder die zwischen Menschen verschiedener Generationen, unterschiedlicher Kulturen, gegensätzlicher Religionen oder ungleicher Hautfarben. Und die Liebe zwischen Eltern und Kindern.

Wenn wir unsere Beziehungen human gestalten wollen, müssen wir verschiedene Lebensweisen akzeptieren und tolerieren. Unser eigenes Leben wird dadurch um so vieles reicher.

Das, was homosexuelle Menschen in unserem Kulturkreis an Diskriminierung erfahren, ist auch die Erfahrung von vielen Minderheiten. Doch –

Es gibt	weder	*den*	Heterosexuellen
	noch	*den*	Homosexuellen
	noch	*den*	Deutschen
	noch	*den*	Juden
	noch	*den*	Türken
	noch	*den*	Indianer

Es gibt MENSCHEN

Literaturhinweise

Gisela Bleibtreu-Ehrenberg, *Tabu Homosexualität. Die Geschichte eines Vorurteils*, Frankfurt am Main 1978

Ernest Bornemann, *Das Patriarchat*, Frankfurt am Main 1986

Martin Dannecker, *Der Homosexuelle und die Homosexualität*, Frankfurt am Main 1978

Hans Georg Jaekel, *Ins Ghetto gedrängt – Homosexuelle berichten*, Hamburg 1978

Rüdiger Lautmann, *Seminar: Gesellschaft und Homosexualität*, Frankfurt am Main 1984

Wunibald Müller, *Homosexuelle Menschen*, Mainz 1988

Susanne von Paczensky, *Verschwiegene Liebe. Zur Situation lesbischer Frauen in der Gesellschaft*, München 1981

Carl R. Rogers und Rachel L. Rosenberg, *Die Person als Mittelpunkt der Wirklichkeit*, Stuttgart 1980

Martin Siems, *Coming Out*, Reinbek bei Hamburg 1984

Hans Georg Stümke, *Homosexuelle in Deutschland. Eine politische Geschichte*, München 1984

Hans Georg Stümke und Rudi Finkler, *Rosa Winkel, Rosa Listen. Homosexuelle und »Gesundes Volksempfinden« von Auschwitz bis heute*, Reinbek bei Hamburg 1981

Max Frisch, *Tagebuch 1946–1949*, Frankfurt am Main 1971

Literaturhinweise

Beratungsstellen

Eine erste Anlaufstelle für Beratungsgespräche können Beratungsstellen wie *Erziehungs- und Lebensberatung*, *Pro Familia*, *HuK-Homosexuelle und Kirche*, *Telefonseelsorge* und andere psychologische Beratungspraxen sein, die es in jeder größeren Stadt gibt. Man kann davon ausgehen, daß es in diesen Beratungsstellen Beraterinnen und Berater gibt, die offen für jede Art von Problemen und zur Verschwiegenheit verpflichtet sind.

In vielen Städten gibt es Selbsthilfegruppen für homosexuelle Frauen und Männer sowie für Eltern lesbischer Töchter und schwuler Söhne.

Adressen von Beratungsstellen sind zu bekommen bei:

Kommunikations- und Beratungszentrum homosexueller Frauen und Männer e. V., Hollmannstraße 21, 10969 Berlin; Telefon: 0 30/2 17 27 53

Ökumenische Arbeitsgruppe Homosexuelle und Kirche »HuK« e. V., Bundeszentrale: Jutastraße 7, 80636 München; Telefon 0 89/18 16 14